Silke Bader

Mit Erzengeln das Leben meistern

Erwecke Deine Gaben und Talente
durch die Kraft der Farbstrahlen

WINDPFERD

1. Auflage 2008
© 2007 by Windpferd Verlagsgesellschaft mbH, Oberstdorf
www.windpferd.de
Alle Rechte vorbehalten
Umschlaggestaltung und Layout: Marx Grafik & ArtWork
unter Verwendung einer Illustration von Silke Bader
Illustrationen: Silke Bader
Gesetzt aus der Adobe Garamond
Gesamtherstellung: Schneelöwe Verlagsberatung & Verlag, Oberstdorf
Druck: Himmer AG, Augsburg
Gedruckt auf säurefreiem, chlorfrei gebleichtem Papier
Printed in Germany · ISBN 978-3-89385-565-0

Inhalt

Vorwort	5
Einleitung	7
Dein wahres göttliches Sein	9
Der innere Regenbogenkreis	11
Deine Bestimmung	13
Die Reise ins Innere beginnt	16
Der innere Garten der Dankbarkeit	17
Befreie Dich von alten Mustern	18
Das Ahnenritual	19
Sei ein Lebenskünstler	23
Vom Wirken der Erzengel und Farbstrahlen in Deinem Leben	25
Erzengel Michael – Glaube an Dich selbst	27
Erzengel Jophiel – Lass Dein Licht erstrahlen	31
Erzengel Chamuel – Verströme Deine Liebe	35
Erzengel Gabriel – Bring neue Ordnung in Dein Leben	39
Erzengel Raphael – Lebe Deine Wahrheit	43
Erzengel Uriel – Entdecke dankbar Deine unendlichen Möglichkeiten	47
Erzengel Zadkiel – Verbinde Dich mit Deinem Höheren Selbst	53
Erzengel Metatron – Erfülle Deine Bestimmung	57
Vom Tun zum Sein	62
Die schöpferische Macht der Gedanken und Gefühle	65
Lebe Deine Schöpferkraft	67
Wunscherfüllungsrituale mit Engeln	70
Großes Wunscherfüllungsritual mit Erzengeln	70
Wunschbotschaft an Deinen Schutzengel	73
Seelenseiten schreiben	74
Dankbarkeits-Seelenseiten	76
Visions-Seelenseiten	76
Wunsch-Seelenseiten	77
Die Spektralaura – Dein feinstoffliches Erzengelgewand	78
Der Aufbau der Spektralaura	78
Die Aktivierung der Spektralaura	81
Wahrnehmungsübung „Der weiche Blick"	82
Wahrnehmungsübung „Der Stern"	82
Zum Ablauf der Übung:	83
Die Kunst der geistigen Ausrichtung	84
Übersicht der Erzengel, ihrer Farbstrahlen und Eigenschaften	86
Die Autorin Silke Bader	87

Vorwort

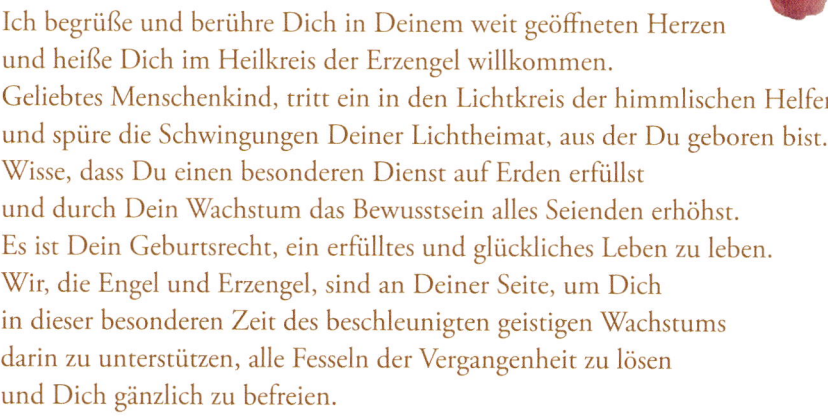

ICH BIN Metatron
Erzengel des magentafarbenen Strahls

Ich begrüße und berühre Dich in Deinem weit geöffneten Herzen
und heiße Dich im Heilkreis der Erzengel willkommen.
Geliebtes Menschenkind, tritt ein in den Lichtkreis der himmlischen Helfer
und spüre die Schwingungen Deiner Lichtheimat, aus der Du geboren bist.
Wisse, dass Du einen besonderen Dienst auf Erden erfüllst
und durch Dein Wachstum das Bewusstsein alles Seienden erhöhst.
Es ist Dein Geburtsrecht, ein erfülltes und glückliches Leben zu leben.
Wir, die Engel und Erzengel, sind an Deiner Seite, um Dich
in dieser besonderen Zeit des beschleunigten geistigen Wachstums
darin zu unterstützen, alle Fesseln der Vergangenheit zu lösen
und Dich gänzlich zu befreien.
Dies ist eine Blüteinkarnation, auf die Du Dich lange Zeit und in vielen
Erdenleben vorbereitet hast. So tauche ein in die Weite und Freiheit Deines
wahren göttlichen Seins und tanze den Tanz des Lebens. Stimme Dich ein
auf den Takt von Mutter Erde und lasse Dich von den Schwingungen des Lebens
tragen, so kann sich Dein hellstrahlendes Seelenpotential entfalten.
Aus dem Regenbogenkreis unserer Lichtgemeinschaft der Erzengel
senden wir das Licht der Bewusstheit in Dein ganzheitliches Sein.
Du kannst dies spüren als einen Strom der Berührung oder
einen sanften Regen aus hell schimmernden Energien.
Spüre, wie Du in jedem Augenblick aufgehoben bist in göttlichen Energien,
alles ist in Einheit verbunden.
So wisse, dass ich mit meinen magentafarbenen Energien jedes Wort und
jede Zeile dieses Buches durchschwinge. Ich trage die Energie der Bestimmung
und Verschmelzung in diese Zeilen hinein, die Dich jenseits der Worte
tief in Deinem Seelenbewusstsein erreicht. So erwecke ich die Erinnerung an Deine
ureigene Bestimmung, welche Deine Seele auf Erden erfüllen möchte.
Spüre die Wahrheit der Worte und lausche mit Deiner Seele:
ICH BIN in Gott und Gott ist in mir.

ICH BIN in Einheit verbunden mit allem, was ist.
So danke ich Dir aus meinem tiefen Herzen, dass Du bereit bist,
Dein wahres göttliches Sein immer tiefer zu erfahren und anzuerkennen.
Das Licht der Bewusstheit leuchtet hell in Deiner Seele
und senkt sich tief in die Herzen der Menschen, mit denen
Du in Berührung kommst.
Ich hülle Dich ein in einen magentafarbenen Licht- und Liebesstrom
und berühre Dich in Deinem göttlichen Herzen.
Gott zum Gruße.

Einleitung

Willkommen im Licht- und Farbenkreis der Erzengel. Wenn Du dieses Buch in Deinen Händen hältst, hast Du den Ruf Deiner geistigen Führung vernommen und bist der Einladung der Erzengel gefolgt, tiefer in das Mysterium des Lichtes einzutreten. Wir leben in einer besonderen Zeit, in der ein großartiger Bewusstseinswandel stattfindet. Die Menschen erwachen immer mehr und erkennen ihr wahres geistiges Wesen aus Licht und Liebe. Die Schleier des Vergessens werden von uns genommen, so dass wir uns selbst als das göttliche Wesen erkennen, das wir in Wahrheit sind. Nie zuvor war die Hilfe der himmlischen Mächte so präsent wie heute. Und so ist es den Engeln und Erzengeln ein Anliegen, dass wir ihre Hilfe dankbar annehmen, um uns von den letzten Fesseln alter Belastungen und Erfahrungen zu befreien und unser göttliches Potential annehmen.

Dieses Buch ist ein Geschenk aus den hohen Ebenen des Lichtes an Dich, liebe Leserin, lieber Leser, und stellt Dir durch die Kraft des Lichtes und seiner Farbstrahlen ein umfassendes Werkzeug der Transformation zur Verfügung. Die Kraft des göttlichen Lichtes ist unermesslich und jederzeit frei verfügbar. Folge der Einladung der Erzengel, Dich in die Wirkkraft der kosmischen Farbstrahlen einweihen zu lassen. Du wirst auf eine Reise durch die Vielfalt des Regenbogens geführt, welche die Kraft aller Strahlen in Deinem Inneren aktiviert. So kannst Du das Wirken der Erzengel in allen Aspekten Deiner Lebensrealität wiedererkennen und zu Deiner Weiterentwicklung nutzen. Lasse Dich vom schöpferischen Licht, das in allen Facetten in Dir leuchtet, berühren. Du wirst Dich im Spiegel der Farben selbst erkennen. Die Kraft des Lichtes wirkt auf allen Ebenen unseres Seins. Es unterstützt körperliche Heilung, emotionale Befreiung und geistige Erkenntnis.

So lies dieses Buch in dem Bewusstsein, dass Du in einen persönlichen Entwicklungsprozess eintauchst, in dem Du individuell von den Erzengeln begleitet bist. Du wirst genau erspüren, welcher Erzengel zu diesem Zeitpunkt besonders mit Dir arbeitet. Viele Entwicklungen werden sich auch des Nachts in Deinen Träumen ereignen, während Deine Seele in die feinstofflichen Gefilde eintaucht. Hier finden in Lichttempeln, in die wir hineingeführt werden, Schulungen statt, an die wir uns am Morgen meistens nicht mehr bewusst erinnern können. Die Energien und Lichtessenzen tragen wir jedoch in unserem Energiekörper mit hinüber in unsere physische Realität. Vertraue darauf, dass Du von den Engeln und Erzengeln in jene feinstofflichen Ebenen geführt wirst, die Deine momentanen Entwicklungsschritte optimal unterstützen.

Eine bewusste Verbindung zu den Engeln und Erzengeln können wir am stärksten in der Meditation aufnehmen und erfahren. Du wirst in den folgenden Kapiteln mit verschiedenen Übungen und Meditationen vertraut gemacht, die es Dir erleichtern, Deine Wahrnehmungskanäle für die feinen Schwingungen der Engel zu sensibilisieren. Es folgen dann die ausführlichen Kapitel zu den einzelnen Erzengeln, in denen sie sich in ihrem speziellen Wirkungsspektrum vorstellen. Im Wissen um die jeweilige Kraft des Erzengels, kannst Du ihn in Deinen Lebenssituationen gezielt um Hilfe und Unterstützung bitten und anrufen. In den weiteren Kapiteln werden Dir Übungen und Meditationen zur praktischen Anwendung der Farbstrahlen vorgestellt, die Dir zu einer bewussten Lebensgestaltung mit der Kraft der Erzengel verhelfen. So kann sich immer mehr Freude und Leichtigkeit in Deinem Leben einstellen.

Vielleicht magst Du Dir für die kommenden Tage und Wochen, in denen Du tiefer in dieses kosmische Wissen eintauchst, ein Engel-Tagebuch für Deine persönlichen Gedanken, Erfahrungen und Träume anlegen. Dies kann sehr hilfreich sein, um Deine Aufmerksamkeit für die eigenen Erlebnisse und Erfahrungen zu schärfen. Im Aufzeichnen Deiner Erlebnisse wirst Du erstaunt feststellen, wie viel Führung und Eingebungen Du tatsächlich erhältst. Es mangelt also nicht an kosmischen Impulsen und Führungen, sondern häufig registrieren wir sie in unserem belebten Alltag einfach nur nicht bewusst. Du wirst durch ein solches Engel-Tagebuch viel empfänglicher für Deine innere Stimme und die Eingebungen Deiner geistigen Führung. Die Weisheit und alle Antworten liegen in Dir. So nutze die Hilfe der Engel, um Dich wieder mit Deiner inneren Weisheitsquelle zu verbinden. Wenn Du lernst, Deinen Impulsen zu vertrauen, wird Dein Leben immer sinnerfüllter und glücklicher werden. Du beginnst zu spüren, warum Du hier bist: Um Dein Licht erstrahlen zu lassen, Deine wunderbare Persönlichkeit zu entfalten und Deine Talente zu leben. Darin findet Deine Seele ihre größte Erfüllung. Und jeder Mensch, der sich offenen Herzens auf die Reise nach Innen begibt, um sein wahres geistiges Wesen zu erkunden, erhält alle Unterstützung der himmlischen Welten. Es bereitet den Engeln und Erzengeln größte Freude, die Entfaltung einer Seele zu begleiten.

Alle himmlischen Kräfte sind mit Dir und freuen sich, in Deinem offenen Herzen das Wissen zu verankern und eine uralte Erinnerung aus Deinem Weisheitsspeicher zu wecken. Du bist ein Lichtträger auf Erden und durch das Erstrahlen Deines inneren Lichtes erhöhst Du die Schwingung alles Seienden. So schreite durch die Pforte der Erkenntnis, welche die Engel Dir hiermit öffnen. Empfange dankbar die Lichtinformationen, die in Dir und durch Dich wirksam werden dürfen. Göttlicher Segen ruht auf Dir und Deinem Weg und die Liebe der Engel hüllt Dich ein. Ich wünsche Dir viel Freude beim Eintauchen in die Energien der Erzengel.

Dein wahres göttliches Sein

*Wir grüßen Dich aus den hohen Sphären des Lichtes,
in denen der Klang Deines suchenden Herzens ertönt ist.
Wir legen Dir Blumen zu Deinen Füßen und ehren Dich,
geliebtes Menschenwesen, für Deinen Dienst auf Erden.
Öffne Dein Herz mit einem tiefen Atemzug ganz weit und
nimm die Lichtessenzen unserer Liebe, die wir Dir zufließen lassen,
tief in Dich auf. Spüre wie sich Deine Energiekörper sanft ausdehnen
und die Schwingungen unserer Worte Deine uralte Weisheit erwecken.
ICH BIN Licht, ICH BIN Liebe, ICH BIN Frieden, ICH BIN Heil.
Erlaube Dir, Dich auszudehnen in die wahre Größe, Weite und
Freiheit Deines Seins und erinnere Dich im Licht unserer
Gegenwart an Deine Dir innewohnende Göttlichkeit.
Die Ströme unseres Liebeslichtes erhöhen sanft die Schwingung
Deines Bewusstseins, so dass die folgenden Worte als
Lichtinformationen in Dir weiterschwingen.
Sei gesegnet. Gott zum Gruße*

Jeder Mensch trägt in seinem Inneren einen heilen und vollkommenen Kern aus Licht und Liebe, das ICH BIN-Bewusstsein. In diesem göttlichen Funken sind alle göttlichen Tugenden angelegt, die sich zum weißen Licht der Einheit verbinden. Durch die Schwingung der Einheit jenseits aller Polarität sind wir verbunden mit allem was ist. In Meditationen gelingt es uns am leichtesten, in dieses Bewusstsein einzutauchen, die Ausdehnung unseres wahren geistigen Wesens zu spüren und zu erkennen, dass es keine Trennung gibt. Da wir uns in der Dualität, in einer Welt voller Kontraste und Gegensätze entwickeln, erleben wir natürlich immer wieder Gefühle der Trennung, des Abgetrennt-Seins vom Göttlichen. So führt uns der Entwicklungsweg unserer Seele dahin, jegliches Trennungsgefühl als Illusion zu erkennen und aufzulösen, um mit unserem ganzheitlichen Seelenpotential aus der kraftvollen Verbundenheit mit allem, was ist, zu leben. Es ist eine Gnade, diese Entwicklung in einem physischen Körper vollziehen zu dürfen, denn die Dualität bietet uns ein fruchtbares Spannungsfeld, in dem ein beschleunigtes geistiges Wachstum möglich ist. Wir leben in einer besonderen Zeit, in der ein großartiger Bewusstseinswandel stattfindet. Immer mehr Menschen erkennen ihr wahres göttliches Potential und durch das wachsende Licht der Bewusstheit erhöht sich die Schwingung alles Seienden. Auch hohe kosmische Einstrahlungen unterstützen diese Frequenzerhöhungen, wodurch viele Entwicklungen beschleunigt werden.

Als eine besondere Hilfe und Unterstützung auf unserem Entwicklungsweg stehen uns Engel und Erzengel zur Seite. Sie bilden die Lichtbrücke zwischen Gott und uns Menschen und helfen uns, uns an unser wahres göttliches Sein zu erinnern. Da Engel und Erzengel die Einheit nie verlassen haben, um – wie wir Menschen – irdische Erfahrungen zu machen, leben sie ganz aus dem göttlichen Willen im Licht der Einheit. Diese Schwingungen lassen sie uns heilsam zufließen, wenn wir Ihnen unser Bewusstsein und Herz öffnen. Indem wir unser Bewusstsein auf ihre hohen Licht- und Liebesschwingungen ausrichten, erhöht sich unsere eigene Schwingung und wir spüren – wenn auch nur für Augenblicke – dass wir selbst dieses Licht und diese Liebe in uns tragen. Engel und Erzengel haben im göttlichen Plan den Dienst übernommen, die Entwicklung alles Seienden zu unterstützen. Erzengel sind in hohen Sphären des Lichtes beheimatet und repräsentieren die göttlichen Tugenden. Sie dienen der Schöpfung, indem sie ihr Licht und ihre Impulse in alle Seinsebenen bis in die physische Materie hinein einfließen lassen. Erzengel können ihre eigene, hohe Frequenz so weit anpassen, dass sie selbst in der dichten Materie wirksam werden können. Die Erzengel sind Regenten der kosmischen Ur-Energiestrahlen, auf denen wiederum Heerscharen von Engeln wirken. So steht uns mit den Engeln und Erzengeln eine große himmlische Macht und Hilfe zur Seite, die wir als Geschenk für unsere Entwicklung freudigen Herzens nutzen sollten; denn durch das Licht der Engel ist Heilung und Erlösung möglich. Ihre wohltuenden Schwingungen erinnern uns immer wieder daran, dass das Leben leicht und freudig ist. Wir sind hier, um unser Leben zu genießen und unser Licht zu tragen. Und so sind die Engel und Erzengel selbst von Dank erfüllt, wenn sie den Menschen, die ihnen ihr Herz öffnen, ihre Energien zum Wohle alles Seienden zufließen lassen können. Sie danken uns Menschen für unseren Liebesdienst auf Erden, denn jeder Gedanke, jedes Gebet und jede Handlung, die vom Licht der Liebe erfüllt sind, hat eine weitreichendere Wirkung als wir es uns vorstellen können. Doch nur eine Fackel die brennt, kann Licht für Andere spenden. Und so geht es zunächst darum, mit Hilfe der Engel Dich selbst in Deiner wahren Schöpferkraft und Größe zu erkennen und Dein eigenes Licht zu entfachen.

Der innere Regenbogenkreis

Die Eingebung zu diesem Buch erhielt ich in einer Meditation: Ich sah einen inneren Regenbogenkreis im Menschen als Symbol für unser Heilsein und unsere Vollkommenheit. Dieser Farbenkreis enthält alle Farben des göttlichen Lichtes, die sieben kosmischen Ur-Strahlen ergänzt durch den achten magentafarbenen Strahl. Auf jedem Farbstrahl wirkt ein Erzengel, der die göttlichen Tugenden repräsentiert und in uns stärkt. Wenn alle Farben aktiviert sind und gleich stark leuchten, ergeben sie das weiße Licht der Einheit und Göttlichkeit, das in unserem ICH BIN verankert ist. Die Farbstrahlen spiegeln sich auch in verschiedenen Aspekten und Bereichen unseres Lebens wider. So helfen uns die Erzengel zum einen, die göttliche Kraft und Tugend in uns zu entfachen und aus dieser inneren Kraft heraus unser Leben positiv zu gestalten. Im Zentrum des Kreises, in unserem ICH BIN, liegt der göttliche Funke, mit dem wir das göttliche Licht auf einzigartige Weise widerspiegeln. Er steht für die Talente und Gaben, die eine Seele auf Erden verkörpert. So stelle Dir die Schöpfung einmal als einen großen Diamanten vor. Der Diamant ist Gott, das All-Eine, aus dem jede Seele hervorgegangen ist. An der Oberfläche des Diamanten befinden sich unzählige Facetten. Jede Facette ist Teil des Ganzen, ist untrennbar mit dem Diamanten verbunden und doch spiegelt sie sein Licht in einzigartiger Weise an ihrem ureigenen Platz auf dem Stein wider. Und alle Facetten ergeben gemeinsam das wunderschöne Funkeln und Strahlen des Steines. Dieses Bild mag wiedergeben, wie alles Seiende in Einheit verbunden ist und Du selbst mit Deinem Seelenstrahlen ein Ausdruck des göttlichen Lichtes bist. Wenn wir diese Einheit fühlen, dann gibt es keine Konkurrenz und keinen Mangel. Wir erkennen die Göttlichkeit und Vollkommenheit in uns und vermögen sie auch in allen anderen Wesen zu sehen. Und so ist es ein wunderbarer Entfaltungsprozess, diese einzigartige Begabung in sich aufzuspüren und zu leben. Dabei sind uns die Engel und Erzengel voller Liebe behilflich, denn indem wir unsere Talente und Gaben entwickeln, entdecken wir unsere Göttlichkeit.

Und so ist dieses Buch eine Reise in Deinen inneren Regenbogenkreis, um alle Aspekte und Tugenden in Dir zu entfachen und Deine wahren Talente zu erwecken. Du kannst über die Kraft der Farben viel über Dich selbst erfahren. Jeder Mensch hat bevorzugte Farben, seine Lieblingsfarben, und andere Farben, die er nicht so gerne mag oder vielleicht sogar ablehnt. Beides ist ein Anzeichen dafür, dass hinter diesen Farben starke Lebensthemen stehen, die gelebt bzw. im Fall der Ablehnung erlöst und freigelegt werden wollen. Im inneren Regenbogenkreis stellt sich dies so dar, als läge ein Schatten oder Schleier über der jeweiligen Farbe, während andere besonders stark leuchten. Die Erzengel helfen uns, über die Harmonisierung des inneren Farbenkreises die jeweiligen Themen zu heilen und zu erlösen, um Ausgewogenheit in uns und in unserem Leben zu schaffen. Gleichzeitig erstrahlen wir im Licht unserer Ganzheit und wie von selbst führt uns diese Entwicklung in unsere wahre Bestimmung hinein.

Die Bestimmung macht sich gar nicht so sehr an einer konkreten äußeren Tätigkeit fest. Vielmehr ist es die Essenz unserer Seele, die erstrahlt und sich in ihrer Unverwechselbarkeit ausdrückt. Aus dieser Essenz heraus zu leben, ist zutiefst erfüllend. Du wirkst durch Dein Sein und bringst es in Deinem Tun mühelos zum Ausdruck. Indem wir uns mit unserem ganzen Wesen hingeben und ins Leben einbringen, erfahren wir die Fülle des Lebens. So lange wir nur in der äußeren Welt nach Erfüllung suchen, werden wir unzufrieden und unerfüllt bleiben, denn etwas Äußeres kann nicht eine innere Leere heilen. Engel und Erzengel berühren uns in unserer Seele und führen uns Schritt für Schritt in eine erweiterte Wahrnehmung der Wirklichkeit. Wir erfahren, dass unser geistig-göttliches Wesen viel größer und umfassender ist und unsere physische Realität nur einen kleinen Ausschnitt der Wirklichkeit bildet. Wir erkennen auch, dass wir selbst durch unsere Gedanken und Gefühle unsere Lebensrealität gestalten und dadurch Mitschöpfer sind. Es verhält sich sogar so, dass unsere äußere Realität, die wir erfahren, ein exaktes Abbild unserer inneren Welt, das heißt unserer Überzeugungen und Haltungen, ist. Und so beginnen Veränderungen, die gute Früchte in unserem Leben tragen, zunächst in unserer inneren Welt. Wenn wir dieses Wissen einmal anerkannt haben, dann fühlen wir die Freiheit und Macht, die in uns liegen. Engel und Erzengel helfen uns dabei, unsere innere Welt zu erfahren. Wenn wir an Blockaden in Form von Ängsten, Zweifeln und Unsicherheiten stoßen, dürfen wir sie um Hilfe bitten. Durch das Einfließen ihres Lichtes und ihrer Liebe ist Heilung, Wandlung und Befreiung möglich, manchmal so schnell, dass wir es kaum fassen können. So nimm dieses himmlische Geschenk dankbar an und mache Dich auf die Reise der Befreiung und Selbstentfaltung. Es ist eine Reise zu Dir selbst, die Dich mit tiefer Glückseligkeit belohnen wird.

Deine Bestimmung

Eine Seele, die inkarniert, ist wie ein Same, der in den fruchtbaren Mutterboden gelegt wird. Alles Wissen und alle Lebenskraft liegen in ihm. Er weiß um seine Bestimmung: Als ein Blumensame wird eine wunderschöne Blume aus ihm erblühen. Ist es der Same eines Baumes, wird sich ein stattlicher Baum entwickeln. Auch in Deiner Seele ist ganz selbstverständlich das Wissen über Deine Bestimmung enthalten. In Deinem Lebensplan ist all das Wissen darüber gespeichert, was Du Dir für dieses Leben vorgenommen hast und welche besonderen Gaben und Talente in Dir stecken. Vertraue darauf, dass Du es mit der Kraft Deiner Seele *weißt* und vertraue der Lebenskraft in Dir, die diese Talente ganz von selbst entwickeln und hervorbringen wird. Je weniger wir mit dem Willen unseres Verstandes drängen (oder unbewusst dagegen arbeiten), desto stärker können sich die Seelenkräfte entfalten. Und in genau diesen Seelenkräften liegt das Potential, mit dem wir uns selbst verwirklichen. Dieser ganzheitliche Wachstumsprozess geschieht ganz organisch gemäß Deines inneren Seelenplans, es gibt dabei nichts zu forcieren.

Häufig bringen wir unsere Talente bereits zum Ausdruck und erkennen es selbst nur nicht, weil wir sie für selbstverständlich halten. Wenn Du Dich auf das Lob eines Mitmenschen, der eine Begabung an Dir hervorhebt, sagen hörst: „Das ist doch nichts Besonderes, das kann doch jeder!", dann solltest Du selbst einmal genauer hinschauen. Es ist die besondere, unverwechselbare Art und Weise, wie DU es tust, die eine Eigenschaft oder Begabung zu Deinem Talent macht. Denke einmal zurück an Deine Kindheit. Tauche mit Deinem Bewusstsein ein in das kleine Mädchen, den kleinen Jungen, der Du einst warst. Was hat Dir als Kind besonders viel Spaß gemacht; bei welcher Beschäftigung hast Du Zeit und Stunde vergessen? In diesen Momenten hast Du Deine Essenz ausgedrückt, man könnte auch sagen „inspiriert gehandelt". Vielleicht denkst Du: So einfach kann das ja nicht sein. Und doch ist es so einfach. Alle geistigen Gesetze sind einfach. Schau in die Natur, wie sich das Leben in einem perfekten Zusammenspiel der Naturkräfte ständig entwickelt und entfaltet. Diese Lebenskraft steckt auch in Dir und es ist lediglich unser Freund Verstand, der meint, dass alles viel komplizierter wäre. So gib Deiner Seele den Raum, sich auszudrücken. Lausche einmal auf die Signale, was Dir wirklich Freude macht. Und dann probier es einfach aus. Es ist noch kein Meister vom Himmel gefallen. Erst im Tun entwickeln wir uns weiter. Doch wenn Du Deiner Seele folgst, dann sind Deine Handlungen keine Arbeit mehr, sondern Du erlebst wirkliche Freude am Tun. Du fühlst Dich nicht erschöpft, sondern die Tätigkeit schenkt Dir Energie und Erfüllung. Das ist es, was unsere Seele will. Und Du darfst darauf vertrauen, dass sie sich bemerkbar macht, dass Du die klaren Signale in Form Deiner Gefühle darüber erhältst, ob Du Deiner Bestimmung folgst oder nicht. Bitte auch die Engel und Erzengel um Führung, klare Impulse und Zeichen, die Dich Deiner Bestimmung näher bringen und vertraue darauf, die Zeichen zum rechten Zeitpunkt zu erhalten. Nicht immer stellt sich gleich in einer Meditation eine Eingebung ein, manchmal erreicht sie uns über Träume oder auch unvermittelt am Tag bei einer Tätigkeit in Form eines Geistesblitzes. Du wirst die himmlischen Impulse an dem Gefühl der Gewissheit erkennen, das sie begleitet. Deine Seele fühlt, dass dieser Schritt richtig ist und die Gewissheit wird den Mut zur Umsetzung in Dir stärken. Sollten dennoch Ängste und Zweifel in Dir auftauchen, dann rufe die Erzengel an Deine Seite. Bitte Sie darum, Dich zu unterstützen und lege Deine Ängste in ihre Hände. Du wirst schnell eine Befreiung und Erleichterung erleben und mutig den nächsten Schritt gehen können.

„In Deinem Lebensplan ist das Wissen über Deine besonderen Gaben und Talente angelegt. Vertraue der Lebenskraft in Dir, die Deine Talente entwickeln und hervorbringen wird."

Ich durfte selbst mit Hilfe der Engel den Weg in meine Bestimmung finden und erleben, wie sich mein kreatives Feuerwerk entfacht. Als Kind hatte ich schon immer gerne gemalt und Geschichten geschrieben, ich liebte die Natur und Edelsteine und schon früh interessierte ich mich für Spiritualität und Engel. In der Schule litt ich unter starken Prüfungsängsten, die mich zu noch mehr Leistungsdruck anspornten und meine Kreativität und Lebensfreude immer mehr einschränkten. Mitte zwanzig erlebte ich dann eine seelische Krise, die mich auf den spirituellen Weg führte. Es begann ein fruchtbarer Weg der Innenschau und Heilung. So traf ich meinen Seelenpartner, mit dem ich seit zehn Jahren einen gemeinsamen spirituellen Entwicklungsweg gehe. Auch in der Begegnung mit meinen Seelengeschwistern fand ich einen geistigen Austausch und Herzensverbindungen, die ich nie zuvor erlebt hatte. Meine Seele blühte auf und über viele Jahre der regelmäßigen Meditation und des intensiven geistigen Austauschs machte ich heilsame Entwicklungsschritte in meine Ganzheit. Es war der Herzensweg und der Weg meiner Seele, der in Verbindung mit den liebenden Engelsenergien meine Anlagen wieder aktivierte. Nie hätte ich gedacht, dass das Malen einmal zu einem wesentlichen Teil meiner Berufung werden würde. Und so malte ich eines Tages ganz absichtslos die ersten Engelbilder. Ich ahnte nicht, was dabei aus einer Inspiration heraus entstanden war und wie sehr die Energie in den Bildern andere Menschen – Erwachsene wie auch Kinder – berührt. Über diese Berührung können der Beistand und die Unterstützung der Engel, die in jedem Moment für uns da sind, wieder in die Herzen der Menschen fließen und ihre persönlichen Entwicklungsschritte begleiten. Heute bin ich sehr dankbar, als kreativer Kanal für die Energien der Engel in Wort, Bild und Schrift wirken zu dürfen und darin ihre liebevolle und lebensfrohe Botschaft weiterzugeben.

In unseren Talenten finden nicht nur wir selbst die tiefste Erfüllung, sie sind auch eine Inspiration für unsere Mitmenschen und ein Geschenk an alles Seiende. Ein Mensch, der seine Begabungen lebt, setzt große Energien frei, die Wachstum und Kreativität fördern. Daran magst Du ermessen, welches Geschenk Du für das Leben bist. Es ist niemandem damit geholfen, wenn Du Dein Licht unter den Scheffel stellst. Lass es leuchten und bewirke, dass die Welt ein bisschen heller wird. Auch wenn Du nicht die ganze Welt verändern kannst, so kannst Du dort, wo Du bist, Dein Licht entfachen. Das ist Dein Beitrag und die Aufgabe, die Du Dir für dieses Leben vorgenommen hast.

Die Reise ins Innere beginnt

Wenn Du die Entscheidung getroffen hast, Dich wahrhaft auf die Entdeckungsreise zu Deinem inneren Schatz zu machen, dann hast Du den ersten großen Schritt bereits getan. Spüre, wie Du schon jetzt Neuland in Dir betreten hast. Mit dieser inneren Ausrichtung erwarten Dich ganz neue Erfahrungen.

Es ist sehr hilfreich, sich die tägliche Meditation zur Gewohnheit zu machen. Lass es zu einem selbstverständlichen Bestandteil Deines Lebens werden. Besonders eignet sich die Zeit morgens nach dem Aufwachen oder abends vor dem Einschlafen. In diesen Momenten sind wir entspannter und es fällt uns leichter, uns in die Ausdehnung der Seele hineingleiten zu lassen. Für die Meditation sind zehn bis fünfzehn Minuten ausreichend, entscheidender ist tatsächlich die Kontinuität und Regelmäßigkeit. Schon nach kurzer Zeit der Praxis wirst Du die meditativen Minuten, in denen Du ganz bei Dir selbst bist, nicht mehr missen wollen. Es ist wichtig, dass wir uns immer wieder mit unseren Sinnen bewusst von der äußeren Welt lösen, um ganz in unser *Sein* jenseits aller Rollen, Anforderungen und Erwartungen einzutauchen. So bekommst Du ein immer stärkeres Bewusstsein für Dein wahres Wesen, aus dem ein neues Selbstbewusstsein erwächst.

Rufe in der Meditation Deinen Schutzengel an Deine Seite, um immer vertrauter mit seiner Schwingung zu werden. Dein Schutzengel trägt auch Obhut dafür, dass alle Entwicklungen und Öffnungen in Dir organisch verlaufen und zu Deinem Besten geschehen. Durch diese Öffnung wirst Du sensibler für die Führungen in Deinem Leben. Versuche in der Meditation zunächst, einfach nur still zu werden. Du musst nichts fühlen, denken oder tun. Erlebe den Augenblick. Achte auf Deinen Atem, wie er Dich gleichmäßig durchströmt und werde immer ruhiger und zentrierter. Entspanne Dich und lasse bewusst alle Gedanken los. Auch wenn Du zunächst nichts spürst oder siehst, so ist jede Minute der Meditation kostbar und fördert Deine Entwicklung. So wie ein Gärtner den Samen, den er gesetzt hat, liebevoll hegt und gießt, auch wenn noch kein Pflänzchen zu sehen ist, so solltest auch Du darauf vertrauen, dass sich durch Meditation und Deine Bereitschaft zur Innenschau alles zum Besten entwickelt und Deine Gaben und Talente zum rechten Zeitpunkt erblühen werden.

Der innere Garten der Dankbarkeit

Wenn Du mit Meditation schon vertrauter bist, kannst Du Dich auch bewusst auf eine innere Reise begeben. Ich tauche hierfür gerne in den Garten meiner Dankbarkeit ein.

Atme dazu einige Male über Dein Herzenergiezentrum ein und aus und spüre, wie Du sanft in Deine innere Welt, die sich Dir als Seelenlandschaft zeigen mag, hineingleitest. Erzwinge keine Bilder, denn viele Menschen *fühlen* einfach ihre innere Welt. Wenn Du Dich in Deinem Herzen zentriert und entspannt fühlst, rufe Deinen Schutzengel an Deine Seite und lasse Dich von ihm in den Garten Deiner Dankbarkeit führen. Vielleicht siehst oder fühlst Du ein Tor, das ihr durchschreitet oder Dein Garten ist eine weite Landschaft, die sich vor Dir ausbreitet. Nimm einfach wahr, was Du siehst oder fühlst, denn Dein innerer Garten kann sich Dir jeden Tag anders zeigen. Fühle den kraftvollen Boden, die Erde oder das Gras, auf dem Du stehst und wie Dich aus Mutter Erde stärkende Energien durchströmen. Tauche nun ein in das Gefühl der Dankbarkeit für alles, was ist. In Deiner inneren Welt gibt es keine Vergangenheit oder Zukunft, nur das ewige Jetzt. So gestatte Dir, auch in die Bilder und Wünsche einzutauchen, die sich in Deiner Lebensrealität vielleicht noch nicht erfüllt haben. Hier kannst Du sie vor Dein geistiges Auge rufen und erleben, wie es Dich beglückt, dass Dein Wunsch erfüllt ist. Aus diesem Erleben erwächst ein Gefühl echter und tiefer Dankbarkeit, welches eine sehr machtvolle und starke Schwingung ist. Du kannst Dir auch eine Situation aus der Vergangenheit in Erinnerung rufen, in der Du Dich glücklich und erfüllt gefühlt hast, um das Gefühl der Dankbarkeit in Dir wachzurufen. Deine Seele ist zeitlos und unterscheidet nicht zwischen Vergangenheit oder Gegenwart, aber Deine Gefühle sind stark und real und werden das, was ihrer Schwingung entspricht, in Dein Leben ziehen. Genieße diese schöpferischen Augenblicke und nähre und stärke Dich durch die wunderbaren Energien die Dich durchströmen. Kehre dann mit einem Dank an Deinen Schutzengel in Dein Tagesbewusstsein zurück.

Ich habe in meinem Garten der Dankbarkeit schon wundervolle Erfahrungen gemacht, Inspirationen erhalten und erlebt, wie sich meine Stimmung augenblicklich verwandelt hat. Manchmal brauchen wir einfach nur Trost oder Geborgenheit und es ist ein Geschenk, diese Quelle der Liebe in uns selbst zu entdecken und unsere Gefühle wieder in Fluss zu bringen. Aus dieser inneren Kraft heraus haben wir viel mehr Energie für uns selbst zur Verfügung. Wir können reichlich aus dieser Quelle schöpfen und die Liebe an unsere Mitmenschen weitergeben, ohne uns selbst dabei zu erschöpfen.

Befreie Dich von alten Mustern

Wir haben jeden Tag und in jedem Augenblick die Möglichkeit, neu anzufangen. Fühle Dich für einen Moment in diesen Gedanken hinein und spüre das große schöpferische Potential, das in Dir steckt. Du hast die Macht, diese Entscheidung zu treffen und *Dein* Leben zu leben. Viele Menschen haben Angst vor Veränderungen, auch wenn sie spüren, dass das Leben das sie führen, sie nicht glücklich macht. Die gute Botschaft ist, dass es gar nicht darum geht, sofort Dein Leben umzukrempeln, sondern der Neuanfang beginnt *in Dir.* Viele Menschen haben schon erlebt, dass die neue Beziehung, der neue Job oder der neue Wohnort sie nur kurzzeitig glücklicher machten, denn schon bald erlebten sie die gleiche oder ähnliche Situation wie zuvor. So erkennen wir, dass wir uns mit unseren Überzeugungen, Haltungen und Glaubenssätzen, die zu Handlungsmustern werden, immer wieder die gleichen Umstände erzeugen. Die Freiheit liegt darin, dass wir diese Muster ändern können. Hierbei sind uns die Engel und Erzengel eine große Hilfe und Unterstützung. Wenn wir bereit sind, uns zu ändern und unser Bewusstsein für neue Energien öffnen, dann dürfen die Engel und Erzengel uns mit starken Energien unterstützen, die Befreiung und Erkenntnis in uns fördern.

Viele Glaubensmuster und Überzeugungen sind bereits in unserer Kindheit geprägt worden. Als Teil unseres Unterbewusstseins sind sie auch heute noch aktiv, selbst wenn wir erkannt haben, dass sie uns längst nicht mehr dienlich sind. Es gibt viele gute Methoden, um sich Glaubenssätze bewusst zu machen und sie aufzulösen. Ich selbst habe mit der Kraft der Engel die befreiendsten Erfahrungen machen dürfen. Wenn wir bereit sind, loszulassen, können uns die Engel in einem Augenblick von großen und alten Lasten befreien. Diese Unterstützung ist eine Gnade, die uns Menschen zuteil wird, und von der wir voller Dankbarkeit Gebrauch machen sollten. Um wirklich frei zu sein, müssen wir bereit sein, unsere Vergangenheit loszulassen. Manchmal ist es uns gar nicht bewusst, wie viel alten Schmerz und Groll wir noch in uns tragen. Doch indem wir weiterhin anderen die Schuld dafür geben, dass wir uns unglücklich fühlen, kann uns keine Heilung erreichen. Wenn wir uns von Menschen, unserer Familie, Geschwistern oder Eltern, tief verletzt fühlen, scheint es uns manchmal unmöglich, zu vergeben. Am meisten schaden wir uns jedoch selbst, wenn wir an Gefühlen des Grolls oder an Vorwürfen festhalten. Wir bleiben Opfer, anstatt unsere Macht und Schöpferkraft zu ergreifen um uns zu befreien und endlich unser eigenes Leben zu leben. Für die Heilung tiefer gehender Traumata bedarf es natürlich der Hilfe und Begleitung eines Therapeuten. Doch immer fließt das heilende Liebeslicht der Engel mit ein und führt uns früher oder später an den Punkt unseres Verzeihens, der wahre Befreiung möglich macht.

Erzengel Zadkiel, der auf dem violettfarbenen Strahl wirkt, lehrt uns die Kunst und die Kraft der Vergebung. Indem wir wahrhaft vergeben, befreien wir uns selbst und andere. Wir setzen große Energien frei, die in dem Konflikt gebunden waren. Vergebung meint nicht, alles mit sich geschehen zu lassen. Es ist vielmehr die Kunst, sich selbst mit all seinen Gefühlen anzunehmen und den anderen so sein zu lassen, wie er ist. Indem wir unsere Energien ganz zu uns zurückholen, kann Heilung in uns und in die Situation einfließen. Manchmal bedarf es nicht einmal mehr einer Aussprache mit der Person, die Energien wirken und kommen auch so an. Ich habe selbst schon oft erlebt, wie ich mir mit Hilfe der Engel meinen Teil einer Situation betrachtet und durch das Annehmen der Gefühle Heilung erfahren habe. Oft rief dann am gleichen Tag die Person, die mit der Situation in Verbindung stand, bei mir an. Sie hatte wohl gespürt, dass sich im energetischen Gefüge etwas verändert hat. Da ich meine Resonanzfläche in diesem Geschehen „bereinigt" hatte, verlief der Kontakt dann entspannter und befreiter.

Wenn Du erkennst, dass die Entscheidung für einen Neuanfang in Dir liegt, hast Du das Tor zur Befreiung schon weit aufgestoßen. Die Erzengel laden Dich nun zu einem Ahnenritual ein, das Dich mit Deiner Vergangenheit aussöhnt, so dass Dir die Weisheit und Liebe Deiner Ahnen wieder kraftvoll zufließen kann, um Dich auf Deinem Weg zu unterstützen und zu stärken.

Das Ahnenritual

Nimm Dir für das folgende Ritual mindestens eine halbe Stunde Zeit, in der Du ungestört bist. Ziehe Dich in einen ruhigen Raum oder an einen Platz in der Natur zurück und tauche in die folgende Meditation ein:

Schließe Deine Augen und nimm wahr, wie Du entspannt an Deinem Platz sitzt und mit jedem Atemzug tiefer in Dir ruhst. Alle Gedanken kommen zur Ruhe und Dein Geist und Deine Seele öffnen sich. Ziehe nun gedanklich auf dem Boden einen blauen Kreis um Dich herum, in dessen Mitte Du sitzt. Der blaue Kreis bildet ein Kraftfeld, in dem Du geschützt bist und in dem sich Dein Energiefeld ausdehnt und verstärkt.

Tauche mit den nächsten tiefen Atemzügen über Dein Herzenergiezentrum in Deinen Herzensraum ein. Spüre, wie sich die Blüte Deines Herzzentrums gleich einer wohlduftenden Rose immer weiter ausdehnt. Dein Herzensraum ist ein Ort, an dem Du Dich sehr geborgen fühlst. Nun tritt Dein Schutzengel an Deine Seite und umfängt Dich mit seinen vertrauten und liebenden Energien. Er lädt Dich ein auf eine Reise in Deine Seelenlandschaft. So lasse

Dich an seine feinstoffliche Hand nehmen und über die Regenbogenbrücke in Deine Seelenlandschaft hineinführen. Auf dem Weg über die Regenbogenbrücke nimmst Du alle Farben des Regenbogens in Deinem Aurakleid auf. Spüre die Stärkung, die Dir die Lichtessenzen des Regenbogens zufließen lassen. Nun bist Du in Deiner Seelenlandschaft angekommen. Fühle Dich in die Umgebung ein und nimm wahr, wie Dein Schutzengel Dich auf eine wunderschöne helle Waldlichtung führt. Du stehst auf dem weichen Moos umgeben von starken, alten Bäumen, die eine Lichtung bilden, und lässt Dich von den Sonnenstrahlen, die einfallen, wärmen und umspielen. Deine Wahrnehmungsfähigkeit hat sich erweitert und so spürst oder siehst Du, wie aus dem Wald acht Erzengel hervortreten und sich kreisförmig um Dich stellen. Sie bilden einen wunderbaren Licht- und Heilkreis, in dessen Mitte Du stehst. Tiefe Licht- und Liebesschwingungen durchfluten Dich. Jeder der Erzengel hält ein energetisches Geschenk für Dich bereit.

Und so tritt Erzengel Michael, der in einem wunderschönen Königsblau leuchtet, aus dem Kreis hervor und hält sein leuchtendes Schwert in die Höhe. Er fragt Dich, ob Du bereit bist, Dich von alten Bindungen, die Dir nicht mehr dienlich sind, zu befreien. Mit Deinem geistigen Einverständnis schwingt er das Lichtschwert und durchtrennt alle energetischen Verbindungen, die Dich in alten Situationen und Energien festhalten. Wisse, dass die stärkenden Herzensverbindungen zu Deinen Ahnen nicht getrennt werden können und vertraue auf die Weisheit von Erzengel Michael. Durch die Gnade seines Wirkens spürst Du die Befreiung in Deinem Energiefeld. Und so versorgt Dich Michael mit einem Schutzmantel aus königsblauem Licht und stärkt die Kraft des göttlichen Willens und Glaubens in Dir. Du spürst dies als aufrichtende Kraft in Deinem Wesen und glaubst an Dich selbst.

Nun tritt Erzengel Jophiel aus dem Lichtkreis hervor. Er umfängt Dich mit goldgelben Schwingungen der Leichtigkeit und Freude und überreicht Dir eine goldene Kugel. In dieser Kugel ist die Weisheit Deiner Ahnen enthalten, die Dir als Geschenk und Weisheitsschatz überreicht wird. Und so verbindet sich das Wissen Deiner Ahnen um die Kreisläufe des Lebens mit der Weisheit Deiner Seele. Du spürst, dass Du eine alte Seele bist, die einen unendlichen Reichtum an Erfahrungen in sich trägt. Durch dieses Geschenk bist Du der Träger eines alten Wissens, das aus Deiner Weisheitsquelle ins Leben sprudeln darf, um alles Seiende zu befruchten.

Als nächstes tritt Erzengel Chamuel aus dem Heilkreis hervor. Er umfängt Dich mit rosarotfarbenen Schwingungen der Liebe und des Mitgefühls und überreicht Dir ein feinstoffliches Herz. In diesem Herz ist all die Liebe Deiner Eltern verschmolzen, welche Dir auf dieser hohen Ebene des Lichtes bedingungslos zufließt. Du spürst, dass Du aus Liebe geboren bist und die Essenz der Liebe in Dir trägst. So nimm die heilenden Liebesschwingungen tief in Dich auf. Durchflutet von dieser Liebe gewinnst Du die tiefe Einsicht und das Mitgefühl, dass jedes Wesen sein Bestes gibt und der Schöpfung dient. Durch die Gnade des Wirkens von Erzengel Chamuel kann das Band der Liebe zwischen Dir und Deinen Ahnen neu geknüpft werden.

Nun tritt Erzengel Gabriel aus dem Lichtkreis hervor und durchflutet Dich mit kristallklaren Energien der Reinheit und Klarheit. Er überreicht Dir einen strahlenden Bergkristall, in dem sich die Lichtstruktur Deines göttlichen ICH BIN widerspiegelt. In der Gnade dieses Augenblickes klären sich Deine Gedanken und Gefühle und Du erkennst, was für Dich wesentlich und wichtig ist. Wie ein reinigender Regen aus kristalliner Energie befreien Dich Gabriels Energien von alten Glaubensmustern, die tief in Deinem Zellwissen gespeichert waren. Empfange dankbar die Erneuerung und spüre, wie sich eine neue Lichtstruktur um Dich bildet, die Deinem Wesen und Wirken entspricht.

Und so tritt Erzengel Raphael aus dem Lichtkreis an Dich heran und umfängt Dich mit moosgrünen Schwingungen der Heilung und Wahrheit. Er überreicht Dir eine stärkende Pflanze, welche Dir Lichtessenzen der Heilung und Harmonisierung zufließen lässt. Du wirst verbunden mit dem Heilwissen Deiner Ahnen und erspürst genau, was nährend und heilsam für Dich ist. Und so lasse die Pflanze der Heilung in Dir wachsen, bis sie die Blüten der Wahrheit in Dir entfaltet. Raphael lehrt Dich, Deiner ureigenen Wahrheit zu vertrauen und auch die Wahrheit Deiner Mitmenschen und Ahnen zu achten. Du erkennst, dass alles in der Schöpfung seinen Platz hat und seinen eigenen Wachstumsgesetzen folgt. Darin liegt die Freiheit der Entfaltung.

Nun tritt Erzengel Uriel aus dem Lichtkreis der Erzengel hervor und durchströmt Dich mit rubinrotgoldenen Schwingungen der Dankbarkeit und Gnade. Er überreicht Dir das goldene Buch Deines Lebens und Du erkennst, dass Du den Weg, den viele Menschen vor Dir gegangen sind, fortsetzt und dadurch der Evolution alles Seienden dienst. Einige Seiten des Buches sind schon beschrieben mit Deinen Erfahrungen und denen Deiner Ahnen. Doch viel mehr Seiten sind noch frei und warten darauf, mit dem Glück und der Erfüllung Deines Lebens gefüllt zu werden. So spüre die tiefe Dankbarkeit für das Geschenk des Lebens in Dir. Durch das Gefühl der Dankbarkeit öffnen sich Deine Herzenstüren weit und die göttliche Gnade kann Dich segensreich durchströmen. Aus dieser Kraft heraus ziehst Du weitere Segnungen in Dein Leben, was Dich wiederum mit tiefster Dankbarkeit erfüllt.

Nun tritt Erzengel Zadkiel aus dem Heilkreis der Erzengel vor Dich und durchströmt Dich mit den kraftvollen violettfarbenen Energien der Transformation und Vergebung. Er überreicht Dir die Fackel der violetten Flamme, und hält sie mit Deinem geistigen Einverständnis in das feinstoffliche Geschehen hinein. Die Kraft der violetten Flamme verzehrt alle Energien und Schuldgefühle, die nicht der göttlichen Liebe entsprechen. Ohne Dein Dazutun findet durch die Gnade dieser göttlichen Kraft Befreiung auf allen Ebenen Deines Seins statt. Dein Herz weitet sich, um die Liebeskraft der Vergebung zu verströmen. Durch die Einsicht, die jeder Erzengel Dir geschenkt hat, kannst Du auf tiefsten Seelenschichten Dir selbst und anderen vergeben. So spüre, wie das violettfarbene Licht Dich in eine neue Weite und Freiheit führt, in der sich Deine Visionskraft aktiviert. So mögen nun aus Deiner Seele Bilder oder Gefühle dessen aufsteigen, was Du Dir für Dein Leben erträumst und ersehnst. Lasse Dir hierfür einige Augenblicke in Stille Zeit. –

Zadkiel verstärkt Deine Visionen mit seinen Energien und verbindet sie mit der Kraft Deiner Herzensmotivation. Jegliche Transformation und Befreiung, die in Dir geschieht, fließt heilsam allem Seienden zu.

Zuletzt tritt Erzengel Metatron aus dem Kreis der Erzengel an Dich heran und umfängt Dich mit magentafarbenen Energien der Bestimmung und Verbindung. Er überreicht Dir einen strahlenden Stern. Es ist Dein Seelenstern, der das Wissen um Deine Bestimmung enthält. Das magentafarbene Licht bringt Dich in eine wunderbare Schwingungsharmonie mit Deiner Bestimmung und Deinem Lebensplan. Du spürst und erkennst den tiefen Sinn, den Dein Leben hat und wie Du mit Deinem Wesen und Wirken in die Symphonie des großen Ganzen, des göttlichen Planes, eingebunden bist. Tiefste Dankbarkeit erfasst Dich über diese Erkenntnis und so sendest Du einen Lichtstrom der Liebe aus Deinem Herzen in den Lichtkreis der Erzengel.

Eine tiefe Einweihung in das Lichtspektrum Deiner Seele und in Deine Bestimmung hat stattgefunden. So danke den Erzengeln und den Seelen Deiner Ahnen für ihre Unterstützung in diesem befreienden Geschehen. Spüre, wie Dir nun die Weisheit und die Liebe Deiner Ahnen befreit als stärkende Energie zur Verfügung steht und gehe mutig Deinen Herzensweg weiter. Nun bist Du aus der Kraft Deiner Seele und Deiner Herzensweisheit geführt und wirst Deine Bestimmung erfüllen. Der Dank der Erzengel und göttlicher Segen ruhen auf Dir.

Und so ziehen sich die Erzengel langsam von der Lichtung zurück und Dein Schutzengel ist wieder bei Dir. Er führt Dich über die Regenbogenbrücke zurück in Deinen Herzensraum und umfängt Dich nochmals mit den Schwingungen seiner bedingungslosen Liebe. Atme einige Male befreit ein und aus und komme mit Deinem Bewusstsein wieder im Hier und Jetzt an. Dein Schutzengel passt die Frequenz Deiner Energiezentren der Schwingung Deines Tagesbewusstseins an und umhüllt Deine Aura mit einer schützenden Hülle.

Eine tiefe Befreiung durfte mit Hilfe dieses Rituals und durch die Offenheit Deines Herzens in Dir geschehen. Wenn Du den Impuls dazu hast, kannst Du das Ritual von Zeit zu Zeit wiederholen, da sich manche Themen nur „schichtweise" ablösen. Vertraue in diesem Geschehen der Obhut Deiner geistigen Führung, die dafür Sorge trägt, dass genau die Bewusstseinsanteile erlöst werden, die Du zu Deinem derzeitigen Entwicklungszeitpunkt verarbeiten und integrieren kannst. So gönne Dir immer wieder Phasen der Ruhe und Entspannung, in denen sich Deine Seelenkräfte in Dir sammeln und zentrieren können und Du Dir Deines inneren Wachstums bewusst wirst. Aus dieser inneren Kraft heraus wird sich Dein Leben wie von selbst Schritt für Schritt neu gestalten.

Wenn Du bereit bist, Deine Vergangenheit in Liebe loszulassen, kehrt ein tiefer Frieden in Dir ein. Dieser innere Frieden wird es Dir sogar ermöglichen, Dankbarkeit für alle Deine Lebenserfahrungen, die guten wie auch die schweren, zu empfinden. Du kannst erkennen, dass Dich diese Erfahrungen zu dem Menschen gemacht haben, der Du heute bist, mit all dem Reichtum an Gefühlen und Erlebnissen. Und so kannst Du in Deiner Vorstellungskraft nochmals einen dicken roten Strich unter die Summe Deiner bisherigen Erfahrungen ziehen und sie liebevoll segnen. Sieh Dich befreit von alten Lasten vor dem Lichttor stehen, das Dir eine neue Realität Deines Lebens eröffnet. Du kannst jetzt die Entscheidung treffen, in eine neue Realität Deines Lebens einzutauchen. Die geistigen Helfer und Erzengel sind Dir sehr gerne behilflich und unterstützen Dich mit ihren Lichtkräften darin, Dein Leben ganz nach Deinen Wünschen und Träumen freudvoll zu gestalten. Ein Mensch, der die Bereitschaft zur Erkenntnis, zu geistigem Wachstum und Entfaltung seines Wesens in sich trägt, mobilisiert unermessliche Kräfte in seiner Seele und erhält alle Unterstützung der geistigen Welt, um diese Entwicklung zu fördern. Denn mit Deiner persönlichen Entwicklung bist Du eingebettet in den göttlichen Plan der Schöpfung und trägst zur Weiterentwicklung alles Seienden bei. Für diesen Lichtdienst, den Du durch Deine Entwicklung in einem physischen Körper auf Erden erfüllst, fließen Dir Ströme der Liebe und des Dankes von den Engeln zu.

Sei ein Lebenskünstler

Das Ahnenritual hat Dich bereits mit der Urenergie eines jeden Erzengels vertraut gemacht. Vielleicht hast Du bereits eine besondere Verbindung zu ein oder zwei Erzengeln und ihrer Farbschwingung gespürt. Entsprechend der eigenen Lebensthemen und Lebensaufgabe, die wir uns vorgenommen haben, fühlen wir uns zu bestimmten Farbstrahlen besonders hingezogen. Für eine ausgewogene Entwicklung ist es jedoch wichtig, alle Aspekte und göttlichen Tugenden in uns zu aktivieren. Dies führt uns immer tiefer in den Schwingungszustand der Einheit, aus dem wir geboren sind und in den sich unsere Seele als ihren natürlichen Seinszustand zurücksehnt. Durch die Hilfe der Erzengel und durch die wunderbare Leuchtkraft der Farben wird Deine Entwicklung beschleunigt. Du bringst Licht und Farbe in Dein Leben und spürst, wie Dein Lebensgefühl immer leichter und freudiger wird. Mit der Einweihung in die Wirkkraft des Lichtes wird die Erinnerung an Deine Macht und Schöpferkraft geweckt. Wie der Volksmund sagt: „Es ist besser, ein Licht anzuzünden, als über die Dunkelheit zu klagen", kannst Du das Wissen um die Farbstrahlen anwenden, um Deine Gedanken und Gefühle positiv auszurichten. In jedem Moment kannst Du Dich selbst durch Visualisierung mit genau den Energien und Schwingungsqualitäten versorgen, die Du zu dieser Zeit benötigst. Du darfst gewiss sein, dass die Engel sofort an Deiner Seite sind und den Farbenstrom der Energien durch ihre Liebesschwingungen verstärken.

Sehe Dich selbst als eine Lebenskünstlerin/einen Lebenskünstler, ausgestattet mit der Farbpalette Deines Herzens, auf der alle Farben des Regenbogens angelegt sind. Farben wirken ganzheitlich und sprechen Körper, Geist und Seele an. Du empfängst Geschenke des Lichtes, da jede Farbe Seelenqualitäten in Dir stärkt, die Dein Leben bereichern. Die Erzengel führen Dich nun auf einen kreativen Pfad der Selbsterkundung, indem Sie die Schwingungsqualität einer jeden Farbe in Dir zum Klingen bringen. Achte beim Lesen der folgenden Schwingungstexte, in denen die Erzengel-Energie direkt zum Ausdruck kommt, genau auf Deine Empfindungen. Sollte eine Farbe Abwehr in Dir auslösen, so bitte den entsprechenden Erzengel um Heilung dieser Seelenaspekte in Dir. Ich habe selbst erlebt, wie beim Malen der ersten Engelbilder einige Farben intensiv mit mir „gearbeitet" haben – bis hin zu körperlichen Reaktionen. Durch die liebenden Engelenergien fließen uns gleichzeitig heilsame Schwingungen zu, sodass eine tiefe Integration der Seelenaspekte stattfinden kann. Nach dem kosmischen Resonanzgesetz „wie Innen, so Außen" wird diese Aktivierung in Dir Dein Leben in einen wunderbaren neuen Fluss bringen. Die Erzengel zeigen Dir ebenso auf, wie Du den Farbstrahl in den konkreten Bereichen Deines Lebens zur Transformation anwenden kannst. Lasse Dich dabei von den Übungen und Meditationen inspirieren und folge Deinen eigenen Impulsen, die Anwendungsbereiche zu erweitern und mit den kraftvollen Lichtstrahlen zu experimentieren. Auch hierbei sind die persönlichen Aufzeichnungen in Deinem Engeltagebuch von großem Wert, da sie Dir Deinen ureigenen Bezug zu den Wirkungen der Farben verdeutlichen.

„Durch die Hilfe der Erzengel und die Leuchtkraft der Farben wird Deine Entwicklung beschleunigt."

Wenn Du spürst, dass ein Erzengel in Deinem Leben momentan besonders präsent ist, so kannst Du Dich auch äußerlich verstärkt mit seiner Farbe umgeben. Meistens tun wir das bereits intuitiv bei der morgendlichen Auswahl unserer Kleidung. Wenn Du die Farbe nicht so offensiv tragen möchtest, kannst Du sie auch durch kleine, farbige Accessoires oder Tücher in Deiner Wohnung dekorieren. Vielleicht findest Du kleine Seidentücher in den Farben der Erzengel, die Du bei Bedarf auch dezent unter Deiner Kleidung am Körper tragen kannst. Oder Du malst Dir selbst kleine Farbtafeln (z. B. auf Aquarellpapier), die Du sichtbar in Deiner Wohnung aufstellen kannst. Dies ist auch hilfreich, um Deine Vorstellungskraft bei der Visualisierung zu trainieren und zu verstärken. In der Übersicht zu den Farbstrahlen am Ende des Buches findest Du die den Erzengeln entsprechenden Edelsteine. Einen Stein können wir zur Stärkung in der Hosentasche oder als Anhänger bei uns tragen. Lasse Deiner Kreativität und Phantasie freien Lauf. Die Welt der Engel und Farben ist sinnlich und inspirierend und Du wirst große Freude daran erleben, Dein Leben immer bunter zu gestalten.

Vom Wirken der Erzengel und Farbstrahlen in Deinem Leben

VOM WIRKEN DER ERZENGEL UND FARBSTRAHLEN IN DEINEM LEBEN

Erzengel Michael
Chakra: Drittes Auge, Kehlkopfchakra • *Edelstein:* Saphir
Anrufung:
Michael, umfange mich mit Deinem göttlichen Schutz und tauche mein Herz in tiefen Frieden. ICH BIN erfüllt vom Glauben an meine göttliche Kraft und Stärke.

Erzengel Michael – Glaube an Dich selbst

*ICH BIN Michael
und wirke auf dem königsblauen Ur-Energiestrahl aus dem Herzen des All-Einen.
Lasse Dich schützend umhüllen von einem königsblauen Mantel, den wir in den
hohen Ebenen des Lichtes für Dich gewebt haben.
Spüre, wie die Liebe Gottes Dich in einen himmlischen Frieden taucht, in dem Du
beschützt und geborgen bist. Aus diesen Energien erwächst ein tiefes Verrauen zu
Dir selbst und in den Fluss des Lebens. So wisse, dass es das Leben gut mit Dir meint
und Dich die himmlischen Kräfte in Deinem Tun und Wirken unterstützen.
Nimm das königsblaue Licht tief in Deinem Wesen auf und spüre die Aufrichtung
und Stärkung in Dir. Es ist der göttliche Wille, der durch Dich wirkt und Dich an
Deine wahre Kraft und Stärke erinnert. Und so befreie ich Dich mit der Lichtkraft
meines Schwertes von alten Bindungen, die Deiner Schwingung nicht mehr entsprechen.
Ich stärke die Kraft in Dir, an Dich selbst zu glauben und vertrauensvoll Deinen
Weg zu gehen. Der Segen des königsblauen Ur-Energielichtes begleitet Dich.
Gott zum Gruße.*

Erzengel Michael wirkt auf dem ersten kosmischen Farbstrahl und überbringt Dir die Fackel des königsblauen Lichtes. Seine Energien spenden Dir Schutz und Geborgenheit, hüllen Dich in tiefen Frieden und stärken Deine innere Kraft und Deinen Glauben.

Michael ist ein Kämpfer für Gerechtigkeit und der Retter unter den Erzengeln. Symbolisch wird er mit einem Lichtschwert dargestellt, das für seine Fähigkeit steht, Energien zu durchtrennen und Befreiung zu schaffen. Seine Energie ist sehr kraftvoll und blitzschnell präsent, wann immer wir ihn rufen und um Hilfe bitten. Solltest Du Angst oder Stress verspüren, so verbinde Dich mit Michael und seinem königsblauen Licht. Du wirst umgehend in ein schützendes Energiefeld eingehüllt und kannst spüren, wie das blaue Licht Dich innerlich beruhigt und friedvoll stimmt. Mutter Maria trägt in bildlichen Darstellungen meist einen blauen Mantel. Auch sie verkörpert durch ihre mütterliche Liebe Geborgenheit und Schutz. Wenn Du in Deinen alltäglichen Lebenssituationen das Bedürfnis nach Schutz verspürst, hülle Dich mit Hilfe Deiner Vorstellungskraft in einen Mantel aus königsblauem Licht und

ziehe die strahlend blaue Kapuze über Deinen Kopf. Aufgehoben in den Schwingungen des Friedens und des Schutzes wird Dich nichts so leicht aus der Ruhe bringen. Diese Übung kann zu einem festen Morgenritual für Dich werden, um Dein ganzes Aurafeld zu stärken und auszurichten. Über das blaue Licht wird Dein Ätherkörper gestärkt, der eine feinstoffliche Hülle um Deinen physischen Körper bildet und ebenfalls in einem strahlenden Blau leuchtet. Der Ätherkörper leitet die feinstofflichen Energien, die für Dich lebenswichtig sind, über das Meridiansystem an die entsprechenden Organe weiter. Gleichzeitig bildet er eine Schutzhülle gegen schädliche Energien wie Elektrosmog oder Krankheitserreger. Mit dem königsblauen Licht kannst Du Dein gesamtes Energiesystem stärken. Auf körperlicher Ebene wirkt das blaue Licht kühlend, beruhigend und entspannend. Es fördert einen guten Schlaf und innere Gelassenheit, indem es das vegetative Nervensystem ausgleicht. Bei allen seelischen Erschöpfungszuständen, die sich sowohl in depressiver Antriebslosigkeit als auch in nervöser Gereiztheit äußern können, ist das königsblaue Licht eine starke Heilfarbe. Sie hilft uns, den inneren Ausgleich und Frieden wieder zu finden, aus dem wir neue Perspektiven gewinnen können.

Das blaue Licht ist in dem Farbaspekt eines strahlenden Hellblaus dem Kommunikationszentrum zugeordnet und in seinem königsblauen Aspekt mit dem Dritten Auge und unserer Vorstellungskraft verbunden. So fördert das blaue Licht Geselligkeit und die Freude am Austausch. Über das dritte Auge aktiviert sich die Kraft des Weitblicks, so dass wir uns wie ein Adler in die Höhe und Weite der Vorstellungskraft und geistigen Bilder aufschwingen können. Dieser Weitblick schenkt uns die Fähigkeit, umfassende geistige Zusammenhänge zu erfassen. Da Blau über das Kommunikationszentrum die verbale Ausdrucksfähigkeit stärkt, verleiht uns der blaue Farbstrahl diplomatisches Geschick. Er unterstützt Redner darin, geistige Zusammenhänge auf den Punkt zu bringen und in klaren Worten verständlich zu vermitteln.

Erzengel Michael stärkt mit seiner kraftvollen Präsenz Deine Aufrichtungs- und Willenskraft. Um unser Leben selbstbestimmt leben zu können, bedarf es eines guten Selbstvertrauens und des Glaubens an uns selbst. Erzengel Michael lehrt uns die Tugend des Glaubens. Seine tiefgründige Schwingung ist wie ein Gebet mit den Worten: „Der göttliche Wille in mir geschehe." Wer diese Worte mit tiefer Überzeugung sprechen kann, ist zu wahrer Hingabe fähig. Wir Menschen verwechseln Hingabe oft mit Aufopferung. In der Aufopferung verlieren wir uns selbst und erschöpfen unsere Kräfte. Hingabe dagegen bedeutet, uns aus unserer inneren Kraft und mit unserem ganzen Wesen in einen Dienst oder eine Tätigkeit hinein zu geben und somit unsere Seelenkräfte zum Ausdruck zu bringen. Wahre Hingabe ist also nur möglich, wenn wir ein gutes Selbstvertrauen und innere Stärke entwickelt haben.

So stärkt Michael die aufrichtende Kraft in uns, die uns die Stärke und Macht verleiht, unseren Platz im Leben einzunehmen und in Eigenverantwortung zu leben. In diesem Prozess werden wir uns oftmals erst der Verstrickungen bewusst, die sowohl im familiären wie auch im beruflichen Umfeld bestehen können. Wo es darum geht Befreiung zu schaffen, kann die Energie von Erzengel Michael geradezu kämpferisch durchgreifen. Mit seinem Lichtschwert

durchtrennt er ätherische Schnüre, die uns in Verstrickungen festhalten. Gleichzeitig fließt die blaue Friedensenergie besänftigend und beruhigend in das Geschehen ein und ermöglicht so eine tief greifende Befreiung. Wenn Du das Gefühl hast, dass in der Beziehung zu einem Menschen Abhängigkeiten bestehen, die Deine Entwicklung einschränken, ist es ratsam, Erzengel Michael an Deine Seite zu rufen. Bitte ihn, diese feinstofflichen Verbindungen (die oftmals in früheren Leben wurzeln) zu durchtrennen. Du darfst darauf vertrauen, dass die liebenden Herzensverbindungen niemals getrennt werden können und nur die Verbindungen gekappt werden, welche für Deine Entwicklung nicht mehr förderlich sind. So geschieht Schritt für Schritt Befreiung und Du gewinnst ein immer besseres Gefühl für die ursprüngliche Energie Deines Wesens.

Menschen, die die Seelenaspekte des blauen Lichtes in sich geheilt und integriert haben, erkennt man an einer natürlichen Autorität, inneren Ruhe und Gelassenheit. Sie wissen um die Macht und Kraft, die jeder Mensch in sich trägt, und lassen den göttlichen Willen durch sich wirken. Das blaue Licht schenkt ihnen die Kraft der Disziplin, durch die sie sich mit großer Hingabe und Zielstrebigkeit ihren Tätigkeiten widmen. In Teamprojekten stärken sie den Glauben an die gemeinsame Kraft und Ausdauer, die zur Erfüllung von Aufgaben unerlässlich sind.

Der blaue Ur-Energiestrahl steht in Resonanz zum Lebensbereich Familie. Hier kommen besonders die Schutz- und Geborgenheitsaspekte zum Tragen, die sich wie ein blaues Band schützend um die Familie legen und die Herzen der Menschen miteinander verbinden. Die Friedensschwingung des blauen Lichtes schafft einen guten Boden, auf dem gemeinsames Wachstum in Harmonie und Verständnis füreinander gedeihen kann. Erzengel Michael unterstützt Eltern darin, einen schützenden Kokon zu weben, in dem die Kinderseele in Geborgenheit heranwachsen kann. Kindern ist Michael ein tatkräftiger Begleiter, denn er unterstützt die Entfaltung der Persönlichkeit und Individualität im Prozess des Heranwachsens. Manchen Eltern fällt es schwer, die Bänder der Liebe zu lockern und die Kinder ins Leben hinaus schreiten zu lassen. Statt sich sorgenvollen Gedanken hinzugeben, sollten Eltern ihrem Kind Erzengel Michael an die Seite senden und ihn bitten, es in seinen Lebenserfahrungen zu beschützen und zu führen. Die kraftvolle Energie von Erzengel Michael unterstützt uns auch im Beruf dabei, mit einem gesunden Selbstvertrauen zu uns selbst zu stehen und unsere Persönlichkeit einzubringen.

Wann immer wir Unfrieden erleben – in uns selbst oder in unserem Umfeld – ist es ratsam, Erzengel Michael zu rufen und den Frieden des blauen Lichtes in die Situation einfließen zu lassen. Dies ist mit Hilfe unserer Vorstellungskraft sehr leicht und jederzeit möglich. Vor allem wenn wir durch die Nachrichten mit Bildern oder Berichten von Krieg und Katastrophen belastet werden, sollten wir uns an die Kraft des Lichtes erinnern. Mit dem Gebet „Der Friede sei mit Dir/Euch", können wir in unserer Vorstellung einen blauen Lichtstrahl in die betroffene Region senden. Statt Angst und Sorge zu nähren haben wir dadurch zumindest einen Lichtfunken entfacht und die positiven Energien verstärkt.

 VOM WIRKEN DER ERZENGEL UND FARBSTRAHLEN IN DEINEM LEBEN

Erzengel Jophiel
Chakra: Solarplexus • *Edelstein:* Citrin
Anrufung:
Jophiel, berühre meine innere Sonne mit den Strahlen Deiner Weisheit und Freude.
Mein Herz ist erfüllt von Lachen und Leichtigkeit.

Erzengel Jophiel – Lass Dein Licht erstrahlen

*ICH BIN Jophiel
und wirke auf dem goldgelben Ur-Energiestrahl aus dem Herzen des All-Einen.
Öffne die Lichttore Deines Herzens und Sonnengeflechts ganz weit und lasse Dich
fluten von meinen sonnengleichen, goldgelben Energien der göttlichen Weisheit,
Freude und Fülle.
Ich berühre das hellstrahlende Schöpferlicht in Deinem göttlichen ICH BIN und
unterstütze Dich darin, Dein wahres Selbst mit all dem Reichtum an Gaben und
Talenten erstrahlen zu lassen. ICH BIN die sprudelnde Quelle der Weisheit und Freude
in Dir und eröffne Dir den Zugang zur wahren Fülle Deines Seins. Lasse Dich von
meinen Energien durchströmen und zum Ausdruck Deiner Lichtpersönlichkeit erwecken.
So lege ich die Worte in Dein Herz: Durch die göttliche Kraft in mir ist alles möglich.
Meine Energien schenken Dir Tatkraft und ein sonniges Gemüt. So folge der Freude
Deines Herzens, die Dich sicheren Schrittes in Deine Bestimmung führt. Du bist eine
weise Seele, die den Menschen viel zu geben hat. Der Segen der göttlichen Fülle ergießt
sich aus den hohen Ebenen des Lichtes in Dein ganzheitliches Sein und lässt Dein Leben
im goldenen Glanz erstrahlen.
Gott zum Gruße.*

Erzengel Jophiel wirkt auf dem zweiten kosmischen Farbstrahl und überbringt Dir die Fackel des goldgelben Lichtes. Seine Energien stärken Dein inneres Licht und speisen die Quelle der Weisheit und Freude in Dir. Das goldgelbe Licht ist der Urstrom der Freude, der den ganzen Kosmos durchzieht. Erzengel Jophiel bringt uns die Botschaft, dass unsere Entwicklung in Leichtigkeit und Freude geschehen darf. Wenn Dein Gemüt bewölkt ist von dunklen, schweren Gedanken der Sorge und Angst, rufe Jophiel an Deine Seite. Seine Energien sind wie die aufgehende Sonne, die Deine Seele in ein warmes Licht der Zuversicht und Freude taucht. Wenn wir der Freude unseres Herzens folgen, gehen uns die Dinge leicht von der Hand und gelingen uns spielerisch. Es stellt sich ein wunderbarer Fluss der Kreativität ein, der aus unserer inneren Quelle gespeist wird. Dieses Gefühl des Fließens und der Freude im Tun ist ein sicheres Zeichen, dass wir unserer Bestimmung folgen. Die Gaben und Talente, die wir mit in dieses Leben bringen, sind wie goldene Samen in uns

angelegt. Es erfordert wie in jeder anderen Tätigkeit Übung und unseren vollen Einsatz, um sie zu entwickeln und zur Blüte zu bringen. Der Unterschied dabei ist, dass uns das Fördern unserer wahren Talente mit Freude erfüllt, die Tätigkeit mühelos gelingt und sie zumeist nicht als „Arbeit" empfunden wird. So ermutigt uns Jophiel, Leichtigkeit und Freude zum Antriebsmotor für unsere Entwicklung werden zu lassen.

Das goldgelbe Licht stärkt unser Füllebewusstsein, denn Gold symbolisiert seit Alters her Wohlstand und Reichtum. So öffnet Jophiel unsere Sinne für die unendliche Fülle der Natur, die alle Gaben als Ausdruck des Lebens in geradezu verschwenderischer Fülle hervorbringt. Das Aufbrechen der Natur im Frühling mit dem üppigen Erblühen erhebt unsere Seele und lehrt uns immer wieder, welch unermesslicher Reichtum in der Natur – ebenso in der Natur unserer Seele – verborgen liegt. Wenn Du Dein Bewusstsein auf diese Fülle richtest und Gedanken des Reichtums und Überflusses denkst, sendest Du kraftvolle Schwingungen ins Universum, die entsprechende Erfahrungen zu Dir ziehen werden.

Das goldgelbe Licht wirkt besonders auf unser Sonnengeflecht, dem Energiezentrum unserer körperlichen Mitte. Mit dem Sonnengeflecht steht unser Verdauungssystem in Verbindung. Das goldgelbe Licht hilft uns, die aufgenommenen Eindrücke zu verarbeiten und wieder loszulassen. Auf körperlicher Ebene übernimmt die Lymphe, eine gelbe Körperflüssigkeit, diese Ausscheidungs- und Entschlackungsfunktion. Verdauungsbeschwerden zeigen an, dass uns Energien aus unserer Umgebung überfrachten und unseren eigenen Energiehaushalt „verschlacken". Um Deine körperliche Mitte und all ihre Funktionen zu stärken, stelle Dir das Sonnengeflecht als ein großes Energierad vor, das rund und harmonisch schwingt. Alle Disharmonien werden sanft aus Deinem Aurafeld ausgeschwungen. Visualisiere zur Stärkung eine strahlende Sonne in Deiner Körpermitte, um Dich auch tagsüber in Deinem kraftvollen ICH BIN zu zentrieren. Die Durchwärmung der goldgelben Strahlen bewirkt eine Entspannung und sanfte Ausdehnung, so dass sich die positive Ausstrahlung Deines Wesens verstärkt. Über das Sonnengeflecht als machtvolles Gefühlszentrum stehen wir mit unserer Umwelt unmittelbar im Austausch. Unsere Gefühle zeigen uns klar und unmissverständlich an, wie sich unsere eigenen Gedanken auf uns selbst auswirken und wie wir die Situation oder unsere Umgebung wahrnehmen. Positive und freudvolle Gedanken heben unmittelbar unsere Stimmung an und strahlen als kraftvolle Energie in die Welt. Nach dem Gesetz der Anziehung ziehen wir entsprechend unserer eigenen Schwingung positive Situationen, Umstände und Menschen in unser Leben.

Das goldgelbe Licht ist eine sehr aktive, anregende Energie. Neben unserer Tat- und Umsetzungskraft steigert es die Konzentrationsfähigkeit, öffnet unseren Geist für Neues und fördert die Selbsterkenntnis. Jophiel bestärkt uns im Handeln, denn nur die gelebte Erfahrung bringt uns in unserer Entwicklung wirklich weiter. Aus der Verbindung unseres Wissens mit unserer gelebten Lebenserfahrung erwächst unser ureigener Weisheitsschatz. Das goldgelbe Licht ist der Farbstrahl der Erleuchtung. Heilige wurden seit alters her mit einem goldenen Strahlenkranz um den Kopf dargestellt. Der Heiligenschein verdeutlicht,

dass der Geist vom göttlichen Licht erleuchtet ist. Wenn wir uns in einer Lebenssituation festgefahren fühlen, können wir mit Hilfe unserer Vorstellungskraft den goldgelben Strahl der Erkenntnis visualisieren und in das Geschehen einfließen lassen. Das Licht wird alle Schatten erhellen und einen neuen Weg aufzeigen, den wir zuvor gar nicht wahrgenommen haben. Vertraue darauf, dass durch die Weisheit Deiner Seele alle Antworten in Dir liegen. So bitte Jophiel um eine Erkenntnis, die aus Deinem Inneren aufsteigen wird. Die innere Stimme, die unser bester Ratgeber ist, meldet sich meistens in Form unserer Gefühle. Wenn Du also um eine Erkenntnis zu einer Lebenssituation bittest, so vertraue Deinem ersten Gedanken und Deinem ersten Gefühl das Du dazu empfindest. Auch wenn Dein Verstand diese Lösung in Frage stellt, bist Du mit Deiner inneren Stimme, geboren aus der Weisheit Deiner Seele, immer gut beraten.

Menschen, die die Seelenaspekte des goldgelben Lichtes in sich geheilt und integriert haben, wirken als natürliches Vorbild auf ihre Umgebung, da sie ihr inneres Licht und wahres Wesen erstrahlen lassen. Sie werden selbst zu einem Zentrum der Fülle und Vermehrung, da sie die Energie der Freude und Begeisterung auf ihre Umgebung verströmen. Auch in lehrenden Tätigkeiten, in denen ihre Weisheit einfließen kann, sind sie gut aufgehoben.

Der goldgelbe Strahl steht mit dem Lebensbereich der Selbst-Entfaltung und Berufung in Verbindung. Jophiel stärkt durch das goldgelbe Licht unsere innere Sonne und die Ausdruckskraft unseres Wesens. Er führt uns auf den Weg der Selbstverwirklichung. Alles, was wir mit Freude tun, machen wir gut. Die Menschen spüren diese authentische Kraft und fühlen sich davon angezogen. Wenn Freude unser Tun beseelt, geben wir gern und viel, einfach weil das Geben selbst uns beschenkt und erfüllt. Darin liegt der Schlüssel zur Fülle, denn nach kosmischem Gesetz fließt alles, was wir geben, tausendfach zu uns zurück. So entfacht das goldgelbe Licht den Funkenflug der Begeisterung in Dir, der die Menschen in Deiner Umgebung erfasst und durch die Energie der Freude motiviert. Der goldgelbe Farbstrahl entwickelt Führungsqualitäten in uns. Es ist ein hilfreicher Energiestrahl für Menschen in lehrenden Berufen. Eine gute Führungskraft zeichnet sich dadurch aus, dass sie die Stärken ihrer Mitmenschen erkennt und fördert. Statt Leistungsdruck aktiviert sie die Freude am Lernen. Ein Mensch, der den goldgelben Strahl in sich erweckt hat, versteht es, seine Mitmenschen für eine Sache zu begeistern. Aus der eigenen inneren Weisheit kann er Inhalte lebendig und interessant vermitteln, so dass das Feuer des Geistes – die Be-Geisterung – entfacht wird. Er motiviert die Menschen, aus sich heraus ihr Bestes zu geben, indem sie ein Projekt mit ihren ureigenen Ideen und Qualitäten bereichern. Wo immer Menschen sich in einem Projekt vereinen, ruht der Segen Jophiels auf ihnen und stärkt den Gemeinschaftssinn und die Vernetzung unter ihnen. Rufe Erzengel Jophiel an Deine Seite, um Deine Teamfähigkeit zu fördern, denn in der Zusammenarbeit mit Menschen kannst Du viel bewirken. Ein kraftvoller Energieträger vervielfacht die Möglichkeiten eines jeden Einzelnen und vermag ein hohes Lichtpotential zu bündeln, das segensreich in alles Seiende ausstrahlt.

 VOM WIRKEN DER ERZENGEL UND FARBSTRAHLEN IN DEINEM LEBEN

Erzengel Chamuel
Chakra: Herzchakra • *Edelstein:* Rosa Turmalin
Anrufung:
Chamuel, in Deiner Liebe bin ich aufgehoben und geborgen. Berühre mein Herz mit den Schwingungen der Liebe und des Mitgefühls und öffne meine Augen für die Schönheit in allem was ist.

Erzengel Chamuel – Verströme Deine Liebe

ICH BIN Chamuel
und wirke auf dem rosarotfarbenen Ur-Energiestrahl aus dem Herzen des All-Einen. Meine Liebesenergie fließt in Kaskaden aus rosarotem Licht in Dein ganzheitliches Sein und bettet Dich, geliebtes Menschenkind, auf ein Meer aus Rosenblüten. Mein Liebeshauch streicht über die Saiten Deiner Seele und lässt die Harmonien der Liebe und des Mitgefühls in Dir erklingen. Wie ein Liebeslied verströmt sich die Liebeskraft Deines weit geöffneten Herzens in Deiner Umgebung und hallt in den Seelen der Menschen, die Du berühren darfst, wider.
So künde frohen Herzens von der unermesslichen Liebe Gottes, welche jede Seele umhüllt, die sich ihr öffnet. Ich segne Dich in Dankbarkeit für Deinen Liebesdienst, den Du auf Erden erfüllst. Mit den Energien des Mitgefühls, die Du verströmst, gießt Du das Fundament der Liebe, auf dem wir gemeinsam das Paradies auf Erden errichten.
Sieh und spüre das großartige Liebespotential, das Du in Dir trägst und lass alle Schatten und Selbstzweifel, die lange Zeit auf Deiner Seele lagen, davonwehen. Die Zartheit und Schönheit Deiner Seele gleicht einem Schmetterling, der die Botschaft der Liebe durch die Lüfte trägt und die Herzen der Menschen erhebt und verzaubert.
Der Segen meines Liebeslichtes ruht auf Dir und entflammt Dein Herzensfeuer für die Schönheit und Vollkommenheit des Lebens.
Gott zum Gruße.

Erzengel Chamuel wirkt auf dem dritten kosmischen Farbstrahl und überbringt Dir die Fackel des rosarotfarbenen Lichtes. Es ist das Seelenfeuer der Liebe und des Mitgefühls, das durch Chamuel in Deinem Herzen entfacht wird. Der rosarotfarbene Strahl steht mit Deinem Herzenergiezentrum in Verbindung, welches Deine seelische Mitte bildet. Das Herzchakra ist das vierte der sieben Hauptenergiezentren unseres Körpers. Es vereint die unteren drei körperlich orientierten Chakras (Wurzelzentrum, Sakralchakra, Sonnengeflecht) mit den oberen drei geistig geprägten Chakras (Kommunikationszentrum, Drittes Auge und Kronenchakra) in der ausgleichenden Kraft des Herzens. Im Herzzentrum

verschmelzen die körperlichen Emotionen und Instinkte mit den geistigen Kräften zu Gefühlen, die unsere wahren Seelenqualitäten ausdrücken. Das Herzzentrum und die Liebesfähigkeit sind in unserer menschlichen und spirituellen Entwicklung von zentraler Bedeutung. Der Meister Jesus Christus verkörperte die bedingungslose Liebe auf Erden und lehrte die Menschen die Gesetze der Liebe. In seinem Ausspruch „Liebe Deinen Nächsten wie Dich selbst" kommt die Weisheit zum Tragen, dass wir anderen Menschen nur das geben können, was wir auch in uns tragen. Somit ist Selbstliebe die Grundlage für erfüllende Beziehungen. Vielen Menschen fällt es schwer, sich selbst zu lieben und anzunehmen. Wir sind streng und unzufrieden mit uns selbst und haben häufig etwas an uns auszusetzen. Die Selbstliebe ist wie ein zartes Pflänzchen, das durch unsere liebevolle Aufmerksamkeit zu wachsen beginnt. So stelle Dich morgens nackt vor den Spiegel und konzentriere Dich bewusst auf Körperstellen an Dir, die Dir gefallen. Es können kleinste Stellen sein, die Deine Aufmerksamkeit erregen, z. B. schön geschwungene Augenbrauen, ein schön geformter Muskel, eine aufrechte Körperhaltung. Was auch immer Du findest, nimm es bewusst wahr und gehe mit Deiner ganzen Aufmerksamkeit und Bewunderung hinein. Du wirst fühlen und erleben, wie Dich ein wohliges Gefühl durchströmt und es Dir von Tag zu Tag leichter fällt, Dich in Liebe zu betrachten und anzunehmen. Wenn Du Dich selbst mit den Energien der Wertschätzung und des Wohlgefühls in Deinem Körper anfüllst, wird sich Deine gesamte Ausstrahlung verändern. Du wirst urplötzlich Komplimente erhalten, da Du jünger und entspannter wirkst, was wiederum Deinem Selbstwertgefühl sehr gut tut.

Je mehr Du Dich darauf ausrichtest, mit den Augen der Liebe zu sehen und Deinen Blick auf die Schönheiten und Vollkommenheiten des Lebens zu richten, desto häufiger wirst Du diese Augenblicke wahrnehmen und erleben. Dir fallen plötzlich all die liebenswerten und schönen Seiten an Deinen Mitmenschen auf. Und indem Du diese durch Deine Worte bekräftigst und anderen Menschen ein Lob, eine Anerkennung ausprichst, befindest Du Dich im Fluss der Liebe. So entfalten sich unsere Herzensqualitäten immer weiter und weiter. Die Öffnung des Herzens bringt natürlich auch alte Wunden und Verletzungen ans Licht. Aus Angst vor diesen Gefühlen halten wir manchmal unser Herz verschlossen und schneiden uns dadurch selbst vom Fluss der allumfassenden Liebe ab. Es ist ein Segen, wenn sich eine alte Herzenswunde zeigt. Durch Deine Öffnung kann sich der Balsam des rosarotfarbenen Lichtes auf sie legen, denn die Kraft der Liebe heilt alle Wunden. Habe Geduld mit Dir und vertraue auf die Fürsorge von Erzengel Chamuel. Nach einer Phase der Heilung erwachsen Dir neue Seelenkräfte, durch die Dein Wesen noch kraftvoller aufscheint und erstrahlt.

In der zwischenmenschlichen Liebe haben wir gelernt, uns auf einen anderen Menschen zu beziehen und unsere Bedürfnisse in Einklang miteinander zu bringen. Wir geben Liebe, aber wir erwarten meistens auch, Liebe oder Anerkennung dafür zu erhalten. Bedingungslose Liebe ist eine höhere Oktave der menschlichen Liebe. Sie gibt, ohne Erwartungen zu stellen. Im Geben selbst liegt ihre Erfüllung. Wenn wir die Quelle der Liebe in unserem göttlichen ICH BIN entdecken, werden wir fähig, Liebe frei zu verschenken. Wir wissen um die un-

endliche Fülle, die aus unserem Inneren sprudelt, und dass die Liebe umso mehr fließt, je mehr wir davon verschenken. Wir spüren, dass wir selbst Wesen aus Licht und Liebe sind und fühlen uns auf allen Ebenen unseres Seins genährt und versorgt.

Das rosarotfarbene Licht ist eine urweibliche Energie. Sie balanciert unser Herz und Gemüt aus und schenkt uns wunderbare Ausgeglichenheit und Sanftmut. Eine Besonderheit des rosaroten Lichtes besteht in seiner Wirkung, unsere Aura magnetisch aufzuladen. Es lehrt uns die Kunst zu empfangen. Eingehüllt in die wunderbare Liebesschwingung des Universums ziehen wir automatisch alles zu uns, was unsere Entwicklung fördert. So hülle Dich morgens einmal in eine Wolke aus rosarotfarbenem Licht und genieße das Gefühl, ins Leben verliebt zu sein. Du wirst staunen, wie attraktiv Du mit dieser Ausstrahlung für das Leben bist und wie sich Dir wie von selbst ungeahnte Möglichkeiten eröffnen.

Ein Mensch, der die Seelenaspekte des rosarotfarbenen Lichtes in sich geheilt und integriert hat, ist zu wahrer Seelenliebe fähig. Aus dem liebevollen Umgang mit sich selbst verströmt er die heilsamen Energien des Mitgefühls in seine Umgebung. Er ist nachsichtig mit anderen und stellt keine Erwartungen und Forderungen an sein Umfeld, da er die wahre Quelle der Liebe in sich selbst gefunden hat.

Der rosarote Ur-Energiestrahl steht mit dem Lebensbereich Partnerschaft und Beziehung in Verbindung. Während der blaue Energiestrahl die Aspekte der mütterlichen Liebe ausdrückt, aktiviert das rosarote Licht den Eros, die sinnliche und leidenschaftliche Liebe. Im Rosa entfaltet sich unsere Sinnlichkeit und Genussfähigkeit, während Rot die energiegeladene Leidenschaft zum Ausdruck bringt. Beide Pole können ins Extrem führen, wenn die rosarote Brille des Verliebtseins uns zu träumerisch werden lässt oder die glühende Leidenschaft in Wut und Aggression umschlägt. Die Liebesschwingung ist eine starke Macht, die in unserem Herzen ausbalanciert werden will, um als fruchtbare Energie in unser Leben zu fließen. In Partnerschaft und freundschaftlichen Beziehungen lernen wir, unsere Herzensqualitäten von Liebe und Mitgefühl zu entfalten und Geben und Empfangen in einen harmonischen Fluss zu bringen. Chamuel lehrt uns zwar, dass Geben seliger ist als Nehmen, doch nur wer auch annehmen kann, wird erfüllende Beziehungen mit einem harmonischen Energiefluss erleben. Die Unfähigkeit, empfangen zu können, kann sich hinter einer falschen Bescheidenheit tarnen und wird von unseren Mitmenschen, die sich ebenfalls verströmen möchten, als eine Zurückweisung erlebt. So rufe Erzengel Chamuel in Dein Leben und lasse Dich von ihm durch einen Kurs der Liebe führen, der all die wunderbaren und vielfältigen Herzensqualitäten in Dir entfaltet. Er wird Dir die Augen für die Wunder des Lebens öffnen, an die Du nicht einmal im Traum zu glauben gewagt hast.

Wenn Du Schwierigkeiten in Deiner Partnerschaft erlebst, so visualisiere den rosarotfarbenen Strahl und sende ihn zu Deinem Partner. Die Kraft des Verzeihens und der Liebe wird Eure Herzen mit einer Lichtbrücke verbinden und alles verzehren, was der Liebesschwingung nicht gleich ist. Erzengel Chamuel hält die Flamme der Liebe transformierend in das Geschehen hinein und legt den Segen der allumfassenden göttlichen Liebe auf Eure Herzen.

Erzengel Gabriel
Chakra: 1. – 7. Chakra, Erdenstern • *Edelstein:* Bergkristall
Anrufung:
Gabriel, durchströme mich mit Deinen reinigenden Energien, die meinen Geist und meine Gefühle klären. ICH BIN der kristallklare Ausdruck meines göttlichen Seins.

Erzengel Gabriel – Bring neue Ordnung in Dein Leben

*ICH BIN Gabriel
und wirke auf dem kristallklaren Ur-Energiestrahl aus dem Herzen des All-Einen.
Mit meinen reinigenden und ordnenden Energien der Klarheit durchströme ich
Dich ganzheitlich und dringe tief bis in die Zellen Deines Seins. Wie ein Wasserfall
durchflute und reinige ich Dich von alten Energien, die Deiner Schwingung nicht
mehr entsprechen. Das Durchfluten Deiner Energiesysteme trägt alte Schatten an
die Oberfläche Deines Bewusstseins, die mit Hilfe meiner kristallklaren Energien
durchlichtet und aufgelöst werden. So fürchte Dich nicht und gib
Dich dem Strom der neuen Energien in Dir hin.
Das kristallklare Licht klärt Deine Gedanken und Gefühle und erweitert die Grenzen
Deines Verstandesbewusstseins. Dort, wo Du Mauern des Widerstandes und der
Kontrolle errichtet hast, wird meine Energie eine große Kraft entfalten. Sie wird
die Staumauern überwinden und Dein Seelenland mit neuen Energien fluten.
Alles geschieht zu Deinem Besten. Wenn die Wasser der Erneuerung abgeflossen sind,
stehst Du auf dem fruchtbaren Boden Deiner Seele,
der darauf wartet, von Dir bestellt zu werden.
Ich, Gabriel, unterstütze Dich darin, eine göttliche Neuordnung aus kristalliner
Energie in Deinem Leben zu errichten. In den neuen Strukturen können sich Deine
Seelenkräfte frei entfalten. Der Segen des kristallinen Lichtes ergießt sich in Dein
ganzheitliches Sein und schenkt Dir Erneuerung auf allen Ebenen.
Gott zum Gruße.*

Erzengel Gabriel wirkt auf dem vierten kosmischen Farbstrahl und überreicht Dir die Fackel des kristallklaren Lichtes. Seine Energien wirken wie ein erneuernder Regen oder ein reinigendes Gewitter und bringen Dir Klarheit, Reinheit und eine göttliche Neuordnung auf allen Ebenen Deines Seins. Im kristallklaren Licht bündeln sich alle Farbstrahlen zum weißen Urlicht der Einheit. So befindet sich dieser Farbstrahl im Zentrum Deines Regenbogenkreises und vereint alle Aspekte in sich. Die kristallklare Energie wirkt tief und gründlich. Auf körperlicher Ebene dringt sie tief in die Zellebene ein und vermag hier alte Schlacken bis hin zu energetischen Codierungen und Speicherungen aufzulösen. Sie kann starke Reinigungs- und Entschlackungsvorgänge mobilisieren, wie wir sie zum Beispiel bei Fastenkuren erleben. So unterstütze Deinen Körper in seinen natürlichen Reinigungsvorgängen dadurch, dass Du ausreichend viel klares Wasser, am besten Quellwasser,

trinkst. Du kannst Bergkristalle in das Wasser legen und es mit der Wortschwingung „Licht und Klarheit", die Du in den Wasserkrug hineinsprichst, energetisieren. So verankert sich die Energie Gabriels im Wasser und trägt sie physisch in die Zellen Deines Körpers.

Ebenso gründlich und tiefgreifend wirkt die Energie von Erzengel Gabriel und dem kristallweißen Strahl auf seelisch-geistiger Ebene. Alles oder nichts ist seine Devise, und so ist er uns gerne behilflich, unseren Geist von alten Energien in Form von Glaubenssätzen und Überzeugungen zu befreien. Das kristallklare Licht ist ein wunderbares Werkzeug, um das Wesentliche in unserem Leben herauszufiltern und uns darauf zu konzentrieren. Im Zeitalter der Informationsflut ist dies von großer Bedeutung. Das kristallweiße Licht ist Träger universeller Informationen und zu einer unglaublichen Speicherkapazität fähig. Es unterstützt unseren Geist darin, neues Wissen aufzunehmen und es blitzschnell zu verarbeiten. Das Herzstück eines Computers, der Prozessor, ist ein winziger Quarzkristall. Seine Funktion steuert die gigantische Rechenleistung und Informationsverarbeitung des Computers. Welch unermessliche Leistung vermag im Vergleich dazu unser menschliches Gehirn zu leisten. Es ist erforscht, dass wir nur einen Bruchteil dieser Leistung nutzen, doch genau hier liegt die schöpferische Macht des Menschen. So rufe Erzengel Gabriel und seine klärenden Energien zu Hilfe, um Deinen Geist von alten Gedankenmustern zu befreien und zu klären. In der schöpferischen Kraft positive Gedanken zu wählen, liegt Deine Macht, Dein Leben zu verändern. „Was der Geist ersinnen kann, das kann er auch erschaffen", sagt ein Sprichwort. So stößt Erzengel Gabriel das Tor zu neuen Dimensionen auf und lädt Dich ein, Dein Leben zu erneuern.

Wie bereits erwähnt kann seine Energie sehr tiefgreifend und durchdringend zur Wirkung kommen, wenn wir uns allzu fest in starren Strukturen eingerichtet haben, die nicht mehr unserer Seelenschwingung entsprechen. Kontrollmuster entspringen unserem Verstandesbewusstsein und werden meist schon in der Kindheit geprägt. Was Dir einst vielleicht als Überlebensstrategie diente, ist heute ein einengender Panzer, der Dir keinen Raum für Entfaltung lässt. Doch unsere Seele strebt nach Entwicklung; dafür ist sie in dieses Leben gekommen. Und so werden die Seelenkräfte, verstärkt durch das kristallweiße Licht der Erneuerung, einen Durchbruch in Dir bewirken und alte Mauern und Begrenzungen sprengen. Dies zeigt sich in unserem Leben oftmals in Umbruchsituationen und kann mit Gefühlen von Kontrollverlust und Ohnmacht einhergehen. Vertraue darauf, dass es lediglich die starren Überzeugungen Deines Verstandes sind, die sterben müssen. So kann das Licht Deiner Seele wieder hervorbrechen und Dein Leben von Grund auf Erneuern. Je mehr es Dir gelingt, Dich vertrauensvoll diesem Entwicklungsgeschehen hinzugeben, desto fließender kann sich der Wandel in Dir vollziehen. Im kristallklaren Licht von Gabriel wirst Du viele Erkenntnisse über Dich selbst und die Zusammenhänge Deines Lebens gewinnen.

Da das kristallweiße Licht so tiefgründig bis in die Materie und die Zellstrukturen wirkt, ist es dem Mikrokosmos zugeordnet. Es wirkt wie eine Lupe oder ein Laser, der die kosmischen Farbstrahlen bündelt und auf einen Punkt genauestens ausrichtet. So ist Erzengel

Gabriel mit dem kristallweißen Strahl an allen Schöpfungsprozessen beteiligt. Die kristallklaren Energien bilden aufgrund der Idee des schöpferischen Geistes das Muster oder die Kristall- und Grundstruktur dessen, was in der Materie entstehen soll. So kannst Du in der Anwendung der anderen sieben Farbstrahlen das kristallweiße Licht und Gabriels Energie immer dann zusätzlich mit einbeziehen, wenn Du die Wirkung der anderen Farben noch verstärken möchtest. Gabriel wird dafür Sorge tragen, dass die Farbenergie gründlich und tiefgehend wirkt und sich in den entsprechenden Seelenschichten verankert.

Menschen, die die Seelenaspekte des kristallweißen Lichtes in sich geheilt und integriert haben, zeichnen sich durch einen ruhigen und klaren Geist aus. Sie sind in der Lage, größere Zusammenhänge geistig zu erfassen, systemisch zu denken und die Sachverhalte neu miteinander zu verknüpfen. Es sind Menschen, die Innovation und Erneuerung in die gesellschaftlichen Systeme bringen. Für diese Aufgabe schenkt das kristallweiße Licht ihnen das nötige Durchhaltevermögen und die Kraft des planvollen und strukturierten Handelns.

Der kristallweiße Strahl kommt in den abstrakten Lebensbereichen unserer Zeitplanung und Organisation zur Wirkung. Erzengel Gabriel unterstützt Dich darin, Klarheit in Dein Leben zu bringen und Dich immer wieder auf das Wesentliche zu konzentrieren. Klarheit liegt in der Einfachheit und so schärft Gabriel Deinen Blick für alle Lebenssituationen, in denen Du durch kleine Veränderungen oder eine bessere Organisation effektiver sein könntest. So ist das kristallweiße Licht ein wunderbares Werkzeug, das Du beispielsweise hilfreich beim Entrümpeln einsetzen kannst. Bevor Du Dich dem Aufräumen Deines Schreibtisches, einer Wohnungsecke oder eines Schrankes widmest, atme einige Male das kristallweiße Licht durch Dein Herzzentrum ein und wieder aus. So bringst Du Dich selbst in einen klaren Fokus der inneren Ordnung. Wenn Du nun mit dem Aufräumen beginnst, wird es Dir leichter fallen, die wichtigen von den unwichtigen Dokumenten oder Gegenständen zu unterscheiden und Dich von altem Ballast zu befreien. Wenn Du unsicher bist, ob Du Dich von einem Gegenstand trennen solltest, so kannst Du seinen Energiewert, den er für Dich besitzt, messen. Jeder Gegenstand hat eine Eigenschwingung, die mit uns in Resonanz steht oder nicht. Nimm zum Beispiel ein Buch und halte Deine linke Handfläche darüber (mit der intuitiven Körperseite fühlen wir sensibler). Verbinde Dich mit Erzengel Gabriel und stelle Dir vor, dass das kristallweiße Licht aus dem Chakra in Deiner Handinnenfläche das Buch „scannt". Wenn es in Resonanz mit Dir steht und Dir energetisch noch etwas gibt, spürst Du ein leichtes Kribbeln oder eine Wärme in Deiner Handinnenfläche. Fühlst Du nichts, so ist der Energiezustand neutral und Du kannst Dich getrost von dem Gegenstand lösen.

Sei kreativ in der Anwendung und Visualisierung des kristallweißen Strahls. Die Offenheit für Erneuerung und neue Strukturen wird einen wunderbaren Fluss in Dein Leben bringen. Du wirst viel Freiraum schaffen und gebundene Energien freisetzen, die Dir für neue Projekte zur Verfügung steht. Und vielleicht motiviert Dich der kristallweiße Strahl der Umsetzungskraft dazu, endlich die Dinge auszuprobieren, die Du schon lange einmal tun wolltest.

VOM WIRKEN DER ERZENGEL UND FARBSTRAHLEN IN DEINEM LEBEN

Erzengel Raphael
Chakra: Herzchakra • *Edelstein:* Smaragd
Anrufung:
Raphael, umfange und durchflute mich mit den Schwingungen der Heilung und tauche mein Wesen in göttliche Harmonie. ICH BIN der lebendige Ausdruck meiner Wahrheit.

Erzengel Raphael – Lebe Deine Wahrheit

*ICH BIN Raphael
und wirke auf dem moosgrünen Ur-Energiestrahl aus dem Herzen des All-Einen.
Lasse Dich durchfluten von meinem moosgrünen Heilungslicht, das alle Energieströme
Deines ganzheitlichen Seins in einen wunderbaren Ausgleich bringt. Ich schenke Dir
Harmonie und ermutige Dich, Deinen ureigenen Raum einzunehmen.
Eingetaucht in moosgrünes Heilungslicht dehnt sich Dein Energiekörper sanft aus.
Dein Herzzentrum wird weit und frei und Du spürst den
kraftvollen Strom meiner nährenden Energien in Dir.
Ich stärke Dein Körperbewusstsein und unterstütze eine wunderbare Balance mit
Deinem Geist und Deiner Seele. Ich, Raphael, lehre Dich, Deinen Körpersignalen,
Gefühlen und geistigen Impulsen zu vertrauen. Darin drückt sich die Weisheit Deines
inneren Wesens aus, das Dich liebevoll führt. Dein Körper ist ein wunderbares
Instrument, der Tempel Deiner Seele, mit dem Du Deinen Seelenplan auf Erden
erfüllst. So nimm Dir Zeit für Deine körperliche und seelische Balance und spüre,
welch kraftvolles Wesen Du bist. Verankert in Deinem göttlichen Sein, bist Du wie ein
kraftvoller Baum, der standfest und tief in Mutter Erde wurzelt und seine Krone im
Himmel trägt. So verbinden sich die Welten in Deinem strahlenden Herzen.
Ich sende das moosgrüne Heilungslicht in Dein ganzheitliches Sein und stärke
die ureigene Wahrheit in Deinem Herzen. Göttlicher Segen ruht auf Dir.
Gott zum Grüße.*

Erzengel Raphael wirkt auf dem fünften kosmischen Farbstrahl und überreicht Dir die Fackel des moosgrünen Lichtes. Raphael bringt Dir Heilung und Harmonie auf allen Ebenen Deines Seins und stärkt die ureigene Wahrheit in Deiner Seele. Das moosgrüne Licht verkörpert sich in der Natur, im üppigen Grün der Wälder und Wiesen. Du wirst selbst schon erlebt haben, wie sehr Dich ein Spaziergang in der Natur ausgleicht, Deine Seele und Deine Gedanken weitet und entspannt. Das grüne Licht steht neben dem rosarotfarbenen Strahl mit unserem Herzzentrum in Verbindung. Es balanciert Gemütsschwankungen aus und harmonisiert unsere körperlichen Energieströme.

Im grünen Blattfarbstoff, dem Chlorophyll, findet durch Photosynthese aus Kohlenstoffdioxid die Bildung von Sauerstoff statt, welchen die Pflanzen an die Umgebung abgeben. Durch das Essen grüner Gemüsesorten und Blattsalate führen wir unserem Körper diesen Pflanzenfarbstoff zu, der das Blut entgiftet und das Immunsystem stärkt. Im menschlichen Körper hat das Hämoglobin, der rote Blutfarbstoff, die Funktion, Sauerstoff zu den Zellen des Körpers zu transportieren. Durch Reinigung des Blutes kann es sich mit mehr Sauerstoff anreichern. Der Sauerstoff, der in die Körperzellen gelangt, regt über die Zellatmung die Entgiftung und Entsäuerung des Körpers an. Wir fühlen uns jünger und vitaler. Des Weiteren wirkt die Farbe Grün im besonderen Maße antiseptisch. So wurde untersucht, dass sich auf grünen Stoffen oder Teppichen wesentlich weniger Keime und Bakterien sammeln als auf andersfarbigen Materialien. Aus diesem Grund finden im medizinischen Bereich bevorzugt grüne OP-Kleidung oder auch grüne Bodenbeläge Verwendung. Grün ist in seiner Wirkung auf den Körper allgemein stärkend und aufbauend, da es die Wachstumskräfte in uns anregt und die körperliche Regeneration unterstützt.

Auf seelischer Ebene erfahren wir mit dem moosgrünen Licht eine ganzheitliche Harmonisierung und Zentrierung in unserem Herzen. Grün ist eine nährende Energie, die unsere Energiekörper auffüllt. So unterstützt uns Raphael darin, unseren ureigenen Raum einzunehmen, indem sich unsere Aura in ihrer natürlichen Strahlkraft ausdehnt. In dieser Zentrierung ist es uns möglich, unsere ureigene Wahrheit zu erspüren und aus dieser inneren Kraft heraus zu leben. Das Leben und unsere Umgebung verlangen beruflich wie auch privat vielerlei Anpassungen von uns. Manche sind überlebenswichtig, andere gehen wir als Kompromisse ein. So gilt es, im Leben, das rechte Maß zwischen den Polen der Anpassung und Rebellion zu finden. Die Rebellion ist der extreme Pol der Durchsetzungskraft, die auch eine gesunde Wachstumskraft in uns ist. Sie hilft uns, Widerstände und Hürden zu überwinden und dem Licht entgegenzustreben. Raphael lehrt uns, unserer eigenen Wahrheit treu zu bleiben und unsere Entscheidungen aus unserer inneren Kraft heraus zu treffen. Da sich im Grün die Farben Gelb und Blau mischen, trägt das Wesen der Wahrheit die Aspekte der Weisheit (Gelb) und des Glaubens (Blau) in sich. Unsere eigene Wahrheit erwächst aus unseren persönlichen Lebenserfahrungen, unserem Weisheitsschatz, in Verbindung mit unseren Überzeugungen, gespeist aus unserem Glauben. Ein Mensch, der seine innere Wahrheit erkannt hat und danach lebt, wird als eine integre und wahrhaftige Person erlebt. Wichtig ist dabei, zu erkennen, dass unsere Wahrheit nichts Statisches ist, sondern sie entwickelt sich mit uns weiter. Wenn sie erstarrt, wird sie zu einem Dogma, dass letztlich uns selbst einengt und jegliches Wachstum stagnieren lässt. Das moosgrüne Licht hat einen tiefgründigen Aspekt, der uns immer wieder an unser Fundament des Glaubens und der Überzeugungen führt. Grün ist auch die Farbe des Verstandes, der erforschen, verstehen und wissen will. Aus der Synthese Deiner Erfahrungen erwächst Deine persönliche Wahrheit. Mit dieser Einsicht kannst Du auch die Wahrheit im Herzen der anderen Menschen respektieren. Lasse Dich von Raphael darin begleiten, Deine Seelenbalance zu finden und Dich immer wieder in Deinem Herzen

zu zentrieren. Aus dieser seelischen Mitte fließen Dir alle natürlichen Wachstumskräfte zu, die Dich in Deiner ganzheitlichen Entwicklung und Bewusstseinsreife unterstützen.

Das moosgrüne Licht schenkt uns die Kraft des Vertrauens und der Hoffnung. Es ist die Lebenskraft selbst, die in ihm wirkt und unser Vertrauen in eine stetige Weiterentwicklung stärkt. Auch hier lehrt uns die Natur die wunderbaren Zyklen und Rhythmen des Wachstums. Auf die Zeiten des Erblühens, des Reifens und der Ernte folgt immer auch eine Zeit der Einkehr und Ruhe, in der sich unsere inneren Kräfte sammeln, um eine neue Entwicklung vorzubereiten. Diese Phasen werden von vielen Menschen als Stillstand empfunden, da die äußeren Geschehnisse zu stagnieren scheinen. Doch wenn Du gut in Dich hineinfühlst, erkennst Du, dass diese Phasen der äußeren Ruhe und erhöhten inneren Aktivität von der Verarbeitung Deiner Erfahrungen und der Vorbereitung neuer Entwicklungsschritte geprägt sind. Du bereitest Deinen Seelenboden für eine neue Entwicklungsphase vor und es findet ein fruchtbares inneres Kräftesammeln statt. Mit diesem Verständnis für die natürlichen Wachstumsrhythmen gelingt es uns, die Qualität einer jeden Lebensphase bewusst zu erleben und zu genießen. Du wirst mit der Zeit sogar feststellen, dass gerade diese Phasen der äußeren Ruhe und inneren Aktivität für Deine Entwicklung besonders förderlich sind.

Da das moosgrüne Licht den ureigenen Seelenraum stärkt, ist es auch der Farbstrahl, der die therapeutische Arbeit unterstützt. Es hilft dem Therapeuten, in Herzensoffenheit für den Klienten präsent zu sein und doch auch seine eigenen Grenzen zu wahren. Erzengel Raphael unterstützt in diesem Geschehen den Fluss heilsamer Energien. Menschen, die in helfenden Berufen tätig sind, sollten auch sich selbst immer wieder mit den nährenden und das Aurafeld stärkenden Energien des moosgrünen Lichtes versorgen und auffüllen.

Menschen, die die Seelenaspekte des moosgrünen Lichtes in sich geheilt und integriert haben, strahlen eine wohltuende Ruhe und Harmonie auf Ihr Umfeld aus. Sie sind aus der Kraft ihrer inneren Wahrheit geführt und verströmen heilsame Energien in ihre Umgebung. Sie fördern das Bewusstsein für Wachstum und Weiterentwicklung und stärken durch ihre Ausstrahlung das Vertrauen in den Fluss des Lebens.

Der moosgrüne Strahl steht in Resonanz mit den Lebensbereichen Körper, Gesundheit und seelisches Wohlbefinden. Erzengel Raphael stärkt Dein natürliches Körperbewusstsein und hilft Dir, klar und deutlich die Signale Deines Körpers zu empfangen. Aus Deiner inneren Körperweisheit erspürst Du genau, welche Art der Ernährung und welches Maß an Bewegung und Entspannung Dir gut tut. Dabei gibt es keine allgemeingültigen Regeln für alle Menschen, denn jeder Mensch ist ein einzigartiges Individuum. Was Dir heute gut tut, kann morgen schon anders sein. Lausche also immer wieder auf Deine innere Stimme in Form Deiner Gefühle und spontanen Gedankenimpulse, so wirst Du Dein optimales, individuelles Wohlfühlprogramm erspüren. Die einfachste Form um Deine ganzheitliche Gesundheit zu stärken ist, Dich in innere Harmonie zu bringen. Rufe dazu Erzengel Raphael an Deine Seite und bitte ihn, die Harmonisierung all Deiner körperlichen und feinstofflichen Energieströme vorzunehmen. Du kannst diesen Vorgang am besten mit einer Meditation unterstützen, in

der Du Dich ganz auf Deine innere Harmonie und Vollkommenheit einstimmst. Lade Deinen Atem mit der Gedankenenergie „ICH BIN Schwingungsharmonie" auf und lasse diese Wortschwingung über Deinen Atemstrom durch Deinen ganzen Körper fließen. Stelle Dir vor, wie Du Dich an ein ganzheitliches Kraftfeld der Harmonie und Gesundheit anschließt und Dich wunderbare Lebenskraft durchströmt. Wenn Du diese Übung eine Woche lang täglich gemacht hast, wirst Du Dich kraftvoller, vitaler und ausgeglichener fühlen.

Erzengel Uriel – Entdecke dankbar Deine unendlichen Möglichkeiten

*ICH BIN Uriel
und wirke auf dem rubinrotgoldenen Ur-Energiestrahl aus dem Herzen des All-Einen. Ich durchströme Dich mit den Wogen meiner tiefen Liebe und segne Dich mit einem kosmischen Regen göttlicher Gnade, auf dass Du in der Dankbarkeit Deines Herzens berührt bist. Lasse Dich ganz erfassen vom Gnadenstrom meiner Liebe
und stimme ein in den Lobgesang der himmlischen Chöre, die in tiefer
Dankbarkeit und Glückseligkeit den Schöpfer preisen.
Eingetaucht in mein Schwingungsfeld der Dankbarkeit und Gnade fühlst Du das unendliche Geschenk des Lebens, das Dir gegeben ist. Im Strom meiner lebendigen, vitalisierenden Energien berühre ich Dein inneres Kind und erwecke den spielerischen und freudigen Ausdruck Deiner Seele. Die Kraft der Dankbarkeit öffnet Dein Herz und Deinen Blick für die Schönheit des Lebens und inspiriert Dich zu den vielfältigen Ausdrucksmöglichkeiten, die in Dir liegen. Denn Du bist als eine alte Seele auf die Erde gekommen, um das Leben zu feiern und zu genießen. Ich lade Dich ein, in die Fülle des Augenblicks einzutauchen und Dich der Spontaneität und Lebensfreude Deines erwachten inneren Kindes hinzugeben. So eröffnet sich Dir der Gnadenstrom kosmischer Fülle, der Dich wiederum mit tiefster Dankbarkeit erfüllt. Siehst Du den vollkommenen Lebensfluss, der allem Seienden zugrunde liegt? Ich, Uriel, danke Dir, geliebtes Menschenkind, für Deinen Dienst auf Erden. Du bist ein Gottesfunke, der die Botschaft des Lichtes und der Liebe in die Herzen der Menschen trägt.
Ich umfange Dich mit der Strahlkraft meiner rubinrotgoldenen Christusliebe.
Göttlicher Segen ruht auf Dir, Gott zum Gruße.*

Erzengel Uriel wirkt auf dem sechsten kosmischen Farbstrahl und überbringt Dir die Fackel des rubinrotgoldenen Lichtes. Seine Liebesenergien öffnen die Tore zur Herzenskraft der Dankbarkeit in Dir. Das Gefühl der Dankbarkeit ist der Schlüssel zur Fülle des Universums. Es bringt Dich in perfekte Schwingungsharmonie mit allen Segnungen, die für Dich bereitstehen und die Du selbst bereit bist, zu empfangen. Uriel

 VOM WIRKEN DER ERZENGEL UND FARBSTRAHLEN IN DEINEM LEBEN

Erzengel Uriel
Chakra: Wurzelchakra, Sakralchakra • *Edelstein:* Rubin
Anrufung:
Uriel, erfülle mein Herz mit den Schwingungen der Dankbarkeit und durchströme mich mit den Energien göttlicher Gnade. ICH BIN dankbar für das Geschenk des Lebens und erfreue mich an meiner Lebendigkeit.

hilft Dir, Dich immer tiefer auf das Gefühl der Dankbarkeit einzuschwingen, bis es Deine ganze Seele erfüllt.

Vielen Menschen fällt es leider schwer, Dankbarkeit zu empfinden. Sie sind geübter darin, die Dinge zu sehen, die zu ihrem Glück vermeintlich fehlen. Nach geistigem Gesetz folgt die Energie der Aufmerksamkeit. Wenn Du Dich in Mangelgefühlen und -gedanken bewegst, erzeugst Du noch mehr Mangel. Dankbarkeit für das Schöne in Deinem Leben zieht hingegen noch mehr Schönes und Erfüllendes an. So übe Dich täglich darin, dankbar zu sein. Sieh die kleinen Wunder und Geschenke des Lebens, erfreue Dich am Sonnenschein, an den Blumen im Garten. Besonders Tiere können uns mit ihrer seelenvollen Präsenz augenblicklich in eine höhere Schwingung versetzen. Sie berühren uns mit ihrem spontanen Ausdruck reiner Gefühle im Herzen, wodurch wir mit allen Sinnen im Hier und Jetzt sind und die Fülle des Augenblicks erleben. Auch für diese liebenden Weggefährten und ihren bedingungslosen Dienst kannst Du dankbar sein.

Der bekannte Wasserforscher Masaru Emoto hat die Kraft von Wortschwingungen in der Wasserkristallfotografie sichtbar gemacht. Dabei entstand aus der Wortschwingung Dankbarkeit einer der harmonischsten Kristalle. Dankbarkeit ist eine Liebesschwingung und somit eine der mächtigsten Kräfte im Universum, mit der Du einen starken Lebensfluss aktivieren kannst. Nutze die Kraft der Dankbarkeit auch, um Deine Wünsche und ihre Erfüllung zu beschleunigen. Wenn Du einen Herzenswunsch in Dir hegst – und scheint er auch noch so unerreichbar zu sein – so übe Dich darin, Dankbarkeit zu fühlen, als sei der Wunsch bereits erfüllt. Die Gesetze von Zeit und Raum sind lediglich an die Materie gebunden. Auf der seelischen und geistigen Ebene gibt es keine Zeit, nur das ewige Jetzt. Somit ist Dein Gefühl des erfüllten Wunsches und die Dankbarkeit dafür eine klare Information ans Universum, was Du in Deiner Lebensrealität erleben und erfüllt sehen möchtest. Nach dem Gesetz der Anziehung, welches auf Resonanz und Schwingungsharmonie beruht, wirst Du dadurch nach geistiger Gesetzmäßigkeit die gewünschten Umstände in Dein Leben ziehen.

Das rubinrotgoldene Licht ist eine starke Liebesschwingung und trägt aufbauende Lebenskraft in sich. Es steht auf körperlicher Ebene mit unserem Blut, den uns durchströmenden „Lebenssaft", und dem Knochenmark, in dem die roten Blutkörperchen gebildet werden, in Verbindung. Blut ist seit alters her ein Symbol für Lebenskraft und Vitalität. Uriel stärkt die aufbauenden Lebenskräfte in uns, so dass wir uns kraftvoll, lebendig und vital fühlen. Das tiefe Rubinrot ist eine erdige, zentrierende Energie, die uns mit der fürsorglichen Liebe von Mutter Erde verbindet. Während das rosarotfarbene Licht auf einer feineren, seelischen Ebene schwingt, spendet uns das erdige Rubinrot mit seiner tiefen Liebe Urvertrauen ins Leben. Der goldene Aspekt dieses Strahles umhüllt unsere Aura mit einem stärkenden Schutzfeld und öffnet unsere Sinne für die Fülle des Lebens. Die Natur ist ein wunderbarer Ort, um Dein Füllebewusstsein und Urvertrauen zu stärken und Deine Lebenskräfte aufzubauen. Suche Dir einen energiereichen Platz unter einem alten Baum oder an einem großen Stein. Setze oder stelle Dich aufrecht und bewusst hin und rufe Erzengel Uriel an Deine Seite.

Verbinde Dich mit der Urkraft und Liebe von Mutter Erde und stelle Dir vor, wie sich aus den Chakras an Deinen Fußsohlen goldene Lichtwurzeln tief in den Boden strecken. Über die Lichtwurzeln fließt rubinrotgoldenes Licht in Deinen Körper und füllt Dich ganzheitlich mit stärkenden und nährenden Liebesenergien auf. Mutter Erde versorgt Dich mit allem, was Du für ein glückliches und erfülltes Leben brauchst. Verbleibe einige Minuten still in dieser Verbindung. Zum Abschluss der Übung sendest Du Mutter Erde einen Liebesstrom der Dankbarkeit aus Deinem Herzen.

Leuchtendes Orange ist ein besonderer Farbakzent des rubinrotgoldenen Strahls der sich aus der Mischung von Rubinrot und Gold ergibt. Orange ist die Farbschwingung, welche uns Vitalität und Lebendigkeit schenkt. Sie steht mit unserem inneren Kind in Verbindung und erweckt seine Lebensfreude, Spontaneität und Offenheit für Neues. Orange ist der wärmende, lebendige und lustbetonte Anteil des rubinrotgoldenen Strahls. Die Farbschwingung steht mit unserem zweiten Chakra, dem Sakral- oder Sexualchakra, in Verbindung und regt unsere Sinnlichkeit und Lebenslust an. Das Sexualchakra kanalisiert unsere schöpferischen Kräfte, die sich auf körperlicher Ebene in unserer Sexualität und der Möglichkeit, neues Leben zu schaffen, ausdrücken. Auf seelischer Ebene regt das orangefarbene Licht unsere Kreativität an, welche durch das innere Kind verkörpert wird. Kreativität ist die spielerische Kraft, mit sich und seinem inneren Potential im Fluss zu sein. Sie liegt als Urkraft in jedem Menschen und kann sich in jeglichem Tun ausdrücken. Kreativität ist nicht auf künstlerische Ausdrucksweisen begrenzt, sie ist vielmehr eine Seelenkraft Deines inneren Kindes, die Dein ganzes Leben bereichert. Es ist die Fähigkeit, mit allen Sinnen im Augenblick zu sein und Dich ganz in eine Tätigkeit zu vertiefen. Mit den Augen Deines inneren Kindes begegnest Du dem Leben voller Neugier und Offenheit. Du entdeckst Dinge, die Du zuvor gar nicht wahrgenommen hast und aus dem kreativen, spielerischen Tun ergeben sich neue Verknüpfungen und fruchtbare Erkenntnisse. Darin offenbart sich Dir die Fülle des Lebens.

Ein Mensch, der die Seelenaspekte des rubinrotgoldenen Lichtes in sich geheilt und integriert hat, steht in tiefer Verbindung und Liebe zur Schöpfung und hat das Christusbewusstsein, den Aspekt allumfassender Liebe, in sich erweckt. Diese Liebe lässt ihn die tiefe Verbundenheit aller Lebewesen erfahren und drückt sich in den Seelenqualitäten tiefer Mitmenschlichkeit aus. Die Dankbarkeit, die aus seinem weit geöffneten Herzen fließt, ist wie ein Gebet an die Schöpfung. Uriel unterstützt in besonderer Weise Menschen, die sich für humanitäre Projekte oder den Umwelt- und Naturschutz engagieren.

Der rubinrotgoldene Ur-Energiestrahl ist mit der in uns liegenden Schöpferkraft verbunden. Aus der Akzeptanz und Anwendung dieser wunderbaren Kraft in uns können wir unser Leben selbst gestalten, unser kreatives Potential verwirklichen und aus der unendlichen Fülle an Möglichkeiten Neues erschaffen. Aus dieser Kraft wurden großartige Erfindungen geboren, die das Leben vieler Menschen bereichert haben. Alles, was wir dem Leben aus unserer innern Fülle in Liebe schenken – mag es uns auch noch so klein erscheinen – bereichert die Welt und trägt zur Weiterentwicklung alles Seienden bei.

Eine wunderbare Übung zur Stärkung der Dankbarkeit ist das Schreiben von Dankbarkeitslisten. Dies kannst Du auch als ein kleines Ritual in der Familie einführen, zum Beispiel im Anschluss an eine gemeinsame Mahlzeit. Dabei schreibt jede/r einige Sätze auf, wofür er/sie im Leben dankbar ist. Das geschriebene Wort besitzt eine zusätzliche Macht, die verstärkend wirkt. Anschließend könnt ihr eine Dankbarkeitsrunde einläuten, indem jeder seine Sätze vorliest. Du wirst erleben, wie diese Runden die Energie und Stimmung augenblicklich anheben. Das Schreiben ist überhaupt eine gute Übung, um Deinen inneren, kreativen Fluss anzuregen. Lege Dir zu diesem Zweck ein persönliches Buch zu, in dem Du jeden Tag ein bis drei Seiten nur für Dich persönlich schreibst. Ist Dir das Schreiben erst einmal vertraut geworden, kommst Du wie von selbst in einen Fluss, durch den sich Deine Seele ausdrücken kann. Beim Schreiben gewinnst Du viele, wertvolle Erkenntnisse, die aus Deinem Inneren aufsteigen. Du kannst Dich auf diesen Seiten auch wunderbar Deinen Wünschen und Lebensträumen hingeben und Deiner Phantasie freien Lauf lassen. Dabei tauchst Du mit Deinen Gedanken und Deinen Gefühlen in eine mögliche Realität ein, die Du wiederum durch das Gefühl der Dankbarkeit kraftvoll verstärken kannst. In dem Kapitel „Seelenseiten schreiben" ab Seite 74 werde ich diese Techniken ausführlicher vorstellen.

 VOM WIRKEN DER ERZENGEL UND FARBSTRAHLEN IN DEINEM LEBEN

Erzengel Zadkiel
Chakra: Kronenchakra • *Edelstein:* Amethyst
Anrufung:
Zadkiel, durch Dein Feuer der Wandlung erfahre ich Befreiung auf allen Ebenen meines Seins. Die Kraft der Vergebung befreit mein Herz und ich dehne mich aus in die Freiheit und Weite meines Geistes.

Erzengel Zadkiel – Verbinde Dich mit Deinem Höheren Selbst

*ICH BIN Zadkiel
und wirke auf dem violetten Ur-Energiestrahl aus dem Herzen des All-Einen.
Ich durchflute Dich mit meinen tiefgründigen Energien der Wandlung und Vergebung und führe Dich auf tiefe Seelenschichten, die sich meinem transformierenden Liebeslicht geöffnet haben. ICH BIN der Hüter der violetten Flamme und trage das Transformationsfeuer in all jene Bewusstseinsschichten, die sich der Befreiung und Erweiterung geöffnet haben. Alles, was nicht der Liebe und der Schwingung Deines wahren göttlichen Seins entspricht, wird im Schein der violetten Flammen verzehrt und auf eine höhere Energiestufe transformiert. So nutze meine Kraft, um Dich von alten Begrenzungen und Belastungen zu befreien.
Spüre, wie Du über Dein weit geöffnetes Kronenchakra am Scheitelpunkt Deines Kopfes mit Deinem Höheren Selbst verbunden bist und die Inspiration kosmischer Energien empfängst. So führe ich, Zadkiel, Dich in eine wunderbare Ausdehnung all Deiner Energiekörper und aktiviere Deine Visions- und Vorstellungskraft. Die Kraft Deiner geistigen Bilder ist stark und so ermutige ich Dich, im ewigen Jetzt in die Bilder eines erfüllten Lebens einzutauchen. Segne mit der Herzenskraft der Vergebung Deine Vergangenheit, um Dich für eine neue Realität und Zukunft zu befreien.
Ich sende den Regen göttlichen Segens, der Inspiration und Führung
in Dein weit geöffnetes Herz.
Gott zum Grußse.*

Erzengel Zadkiel wirkt auf dem siebten kosmischen Farbstrahl und überbringt Dir die Fackel des violettfarbenen Lichtes. Seine Energien sind kraftvoll und stark und bewirken gleich den Flammen eines Feuers eine umfassende Transformation. So bringt die violette Flamme alle Unstimmigkeiten und Begrenzungen ans Licht und vermag verkrustete Strukturen aufzubrechen, so dass die darin gebundenen Energien befreit und auf eine höhere Seinsstufe angehoben werden. Das violette Licht lehrt Dich, auf tiefen Ebenen loszulassen und Dich einer befreienden Läuterung hinzugeben.

In unserem Menschsein neigen wir dazu, uns in äußeren Dingen, Strukturen oder Gewohnheiten einzurichten und Sicherheit zu suchen. Unsere Seele strebt jedoch nach Entgrenzung und Vereinigung mit dem All-Einen, dem Göttlichen, ihrem Ursprung oder wie auch immer Du es nennen magst. So kommt der Segen des violetten Lichtes zu Dir, um Dich auf tiefen Seelenschichten ins Loslassen zu führen. Diese Phasen werden von uns oftmals als Krisen erlebt, da sich alle scheinbaren Sicherheiten und Gewohnheiten aufzulösen beginnen, alte Mechanismen nicht mehr greifen und wir das Gefühl haben, die Kontrolle über unser Leben zu verlieren. Je mehr wir uns aus Angst an alten Strukturen festklammern, desto dramatischer werden diese Wandlungsphasen von uns erlebt. Erzengel Zadkiel führt Dich mit seinen tiefgründigen violetten Schwingungen in tiefe Seelenschichten, in denen Du Dein wahres göttliches Sein, das durch keine äußeren Stürme erschüttert werden kann, spüren und wahrnehmen kannst. Aus dieser Erfahrung tiefer innerer Ruhe und Sicherheit, die aus Deinen Seelenkräften und dem Vertrauen in den Fluss des Lebens erwächst, kannst Du Dich in Deinem wahren göttlichen Sein verankern. Du spürst, dass Dein geistiges Wesen viel größer und umfassender ist als Deine physische Existenz. Darin liegt die eigentliche Kraft der Läuterung, die Du mit Hilfe von Erzengel Zadkiel erfahren darfst.

Die größte Prüfung des Loslassens ist die Kraft der Vergebung. Wahre Vergebung kommt aus dem Herzen und erwächst aus der Einsicht, dass wir durch das Vergeben letztlich uns selbst befreien. Wenn wir an altem Groll, Schmerz und an Gefühlen der Wut festhalten, so schließen wir uns in Mauern der Einsamkeit ein. Erzengel Zadkiel schenkt uns die Einsicht, dass alle Erfahrungen unseres Lebens, und seien sie auch noch so schmerzhaft, ihren Sinn haben. Zadkiel öffnet Dir die Tore zu Deiner inneren Welt und stärkt Deine Erkenntniskraft, so dass Du erkennen kannst, was Du durch das Verhalten einer Person oder aus einer Lebenssituation zu lernen hast. Indem Du diesen inneren Erkenntnisschritt vollziehst, kämpfst Du nicht länger darum, dass die Person oder die Umstände sich ändern, sondern Du entdeckst eine neue Dimension der Freiheit in Dir. Wenn Du Deinen Teil der „Lektion" gelernt und verinnerlicht hast, kannst Du in der Tiefe verzeihen und loslassen. Du bist nicht länger an die Person oder Situation gebunden und kannst Deinen Weg in Freiheit fortsetzen. Wenn Du erst einmal erfahren hast, wie sehr sich durch diese innere Erkenntnis und Auflösung auch die jeweilige Situation wie von Zauberhand entspannt, wirst Du immer mehr die Bereitschaft haben, auf Deine inneren Resonanzen zu achten. So steht Dir Erzengel Zadkiel jederzeit mit der Kraft der violetten Flamme zur Seite. Wann immer Du Dich in Schwierigkeiten befindest, visualisiere das violette Feuer und gib die Situation geistig in die Flammen. Vertraue darauf, dass zur rechten Zeit in Dir eine Erkenntnis aufsteigen wird – in Form eines Gefühls, einer Gewissheit oder eines Geistesblitzes – die Dir klar aufzeigt, was Dein Lernschritt daran ist und wie Du am weisesten mit der Situation umgehen solltest.

Auf körperlicher Ebene verhilft uns Violett zu tiefer Entspannung. Du kannst die Farbe dazu visualisieren oder in Form eines Lavendelbades auch körperlich genießen. Die ätherischen Düfte des Lavendels klären Deinen Geist und befreien Dich aus grüblerischen Gedan-

kenkreisläufen. So ist Violett auch eine starke Heilfarbe bei Kopfschmerzen und Migräne. Das violette Licht hilft Stress abzubauen, da es sich wie ein feinstoffliches Fluidum um unsere Nervenbahnen legt. Auf seelischer Ebene unterstützt es uns darin, Extreme auszugleichen und Existenzängste zu überwinden.

Im violetten Licht vereint sich die blaue Farbschwingung des Glaubens mit der roten Farbschwingung der Liebe und der Tatkraft. Sie ist eine aktive und mobilisierende Energie, durch die sich unser Geist in höhere Gefilde und spirituelle Dimensionen aufschwingt. Violett symbolisiert das Geistliche, da sie eine Loslösung von der Materie und die Ausdehnung in geistige Ebenen bewirkt. So unterstützt das violette Licht jegliche Form der Meditation und der inneren Einkehr. Es führt uns in die grenzenlose Weite der inneren Welten und lässt uns erfahren, dass wir in der wahren Existenz unserer Seele unsterblich sind. Aus diesem erweiterten Bewusstsein und Blickwinkel erkennst Du Dich als eine Seele, die durch unterschiedliche Dimensionen reist und die derzeit die Erfahrung einer körperlichen Existenz macht. Das violette Licht regt die Transzendenz, die Fähigkeit unserer Seele zur Entgrenzung, an. Durch innere Einkehr und Meditation verankerst Du Dich immer stärker in Deinem ICH BIN – Deinem Seelenkern und göttlichen Funken – durch den Du in Einheit mit allem Seienden verbunden bist. Je stärker Du Dir dieser Einheit bewusst wirst, desto mehr kannst Du Dein Leben als eine wunderbare Reise und ein Abenteuer erleben und genießen. Du schöpfst aus Deiner inneren Quelle und Weisheit und bereicherst das Leben durch Dein einzigartiges Sein.

Ein Mensch, der die Seelenaspekte des violetten Lichtes in sich geheilt und integriert hat, ruht in seinem inneren Wesen und wirkt durch seine Seelenschwingung und bloße Anwesenheit transformierend auf seine Umgebung ein. In Gruppen fördern diese Menschen ein beschleunigtes geistiges Wachstum, da ihre Schwingung Unstimmigkeiten ans Licht befördert und durch die hohe geistige Kraft der Erkenntnis zu verwandeln und zu läutern vermag. Sie besitzen die Fähigkeit des geistigen Weitblicks, der sich bis zur Hellsichtigkeit verfeinern kann. So ist es ihnen möglich, Situationen aus einer übergeordneten geistigen Perspektive zu betrachten und eine ganzheitliche Sichtweise zu fördern.

Der violette Strahl ruft das Urbedürfnis unserer Seele nach gelebter Spiritualität und der Verbindung mit dem Göttlichen in unserem Leben wach. So hilft Dir Erzengel Zadkiel, Dich jenseits aller Formen und Regeln von Religionen in Deinem inneren Sein zu verankern und Dir der Göttlichkeit Deiner Seele immer mehr bewusst zu werden. In einem ganz praktischen Sinne regt er die Visionskraft über Dein Drittes Auge an und stärkt über Dein Scheitel- oder Kronenchakra die Verbindung zu Deinem Höheren Selbst, durch das Du Inspiration und Führung erfährst.

Nutze die Kraft der violetten Flamme, um Dich von Belastungen und Begrenzungen zu befreien. Wenn Du zum Beispiel einen Konflikt mit einem Menschen erlebt hast, so tauche mit einigen Atemzügen in Dein Herz ein und visualisiere ein loderndes, violettfarbenes Feuer vor Deinem geistigen Auge. Gib den Konflikt und alle Gefühle, die er in Dir auslöst, als

geistiges Paket in die Flammen dieses Feuers und sieh, wie es sich durch göttliche Energie und Gnade auflöst und transformiert. Durch Deine Bereitschaft, in der Tiefe loszulassen und zu vergeben, kann augenblicklich Wandlung und Befreiung geschehen.

In Deinen Meditationen wird Dir das violette Licht helfen, Dich stärker zu zentrieren und Deine Vorstellungskraft zu aktivieren. Während sich unser Tagesbewusstsein, das von unserem Verstand regiert wird, an der äußeren Welt orientiert, ist unsere Seele mit unserem Unterbewusstsein und dessen unbegrenzten Möglichkeiten verbunden. Meditation schlägt die Brücke zum Unterbewusstsein, das sich in Gefühlen und Bildern ausdrückt. Nutze die Kraft Deiner Vorstellung und Visualisierung, um Dir die kraftvollen Bilder Deiner Herzenswünsche vor Dein geistiges Auge zu rufen. Tauche mit Deiner Vorstellung und Deinen Gefühlen in diese geistige Realität ein und erlebe sie mit allen Sinnen. Durch diese Verbindung zu Deinem Unterbewusstsein bedienst Du Dich einer unermesslich großen Verwirklichungskraft. Halte immer wieder die Bilder Deiner Herzenswünsche als ein Ideal in Deinem Bewusstsein. Die Kraft dieses Ideals leuchtet wie ein Stern am Firmament Deines Lebens und weist Dir sicher den Weg. Aus Deiner vereinten Seelenkraft steuerst Du sicher geführt und mühelos in die Erfüllung Deiner Wünsche. Das violette Licht öffnet Deine geistigen Empfangskanäle, durch die Dir wunderbare Inspiration zuteil wird.

Erzengel Metatron – Erfülle Deine Bestimmung

*ICH BIN Metatron
und wirke auf dem magentafarbenen Ur-Energiestrahl aus dem Herzen des All-Einen.
Ich umfange Dich mit den hohen Schwingungen meines magentafarbenen
Lichtes und rufe die Erinnerung an Deinen Seelenplan und
Deine Bestimmung auf Erden in Dir wach.
Stelle Dir einen strahlenden Stern über Deinem Haupte vor, in dem sich meine
Energien konzentrieren. Durch diesen Stern bist Du sicher geführt und weißt intuitiv,
was Deine Seele auf Erden verkörpern und leben möchte. So führe ich Dich des Nachts
in hohe Seelenebenen, in denen Du mit all den Lichtessenzen und dem Wissen versorgt
wirst, das Du zur Erfüllung Deiner momentanen Aufgaben benötigst. Genieße durch
meine Energien die Ausdehnung in alles was ist und schöpfe aus dem unendlichen
Reichtum an Möglichkeiten. Eingetaucht in die Schwingungsharmonie meiner
Energien erträumst Du Deine Lebensrealität, denn Deine Träume sind eine Quelle
großer schöpferischer Kraft. So sehe Dich selbst als göttlicher Kanal, durch den das
Formlose und Unendliche Gestalt annimmt. Du bist ein wunderbarer Ausdruck
und Funke des Göttlichen und durch Dein Leben erklingt auf einzigartige
Weise die Symphonie der Schöpfung. Ich, Metatron, bringe Dein Herz in
Schwingungsharmonie mit dem göttlichen Herzen des All-Einen.
Der Sternenstaub göttlichen Segens ergießt sich in Dein ganzheitliches Sein.
Gott zum Gruße.*

Erzengel Metatron wirkt auf dem achten kosmischen Farbstrahl und überbringt Dir die Fackel des magentafarbenen Lichtes. Magenta ist eine hohe Farbschwingung, die dem Makrokosmos zugeordnet ist. Sie führt unsere Seele in die Traumebenen, in denen alles möglich ist und wir aus dem unendlichen Reservoir an Ideen und Möglichkeiten schöpfen können. Erzengel Metatron verbindet uns über das magentafarbene Licht mit unserem Seelenstern, dem achten Chakra, das sich ungefähr 15 cm oberhalb unseres Kopfes befindet. Unser Seelenstern enthält das Wissen um unseren Lebensplan und die Bestimmung,

 VOM WIRKEN DER ERZENGEL UND FARBSTRAHLEN IN DEINEM LEBEN

Erzengel Metatron
Chakra: 1. – 7. Chakra, Seelenstern • *Edelstein:* Sugilith
Anrufung:
Metatron, umhülle mich mit Deinen Schwingungen der Verbindung und rufe das Wissen um meine Bestimmung in mir wach. ICH BIN von einem guten Stern geführt und glaube an die Kraft meiner Träume.

die wir uns vor der Inkarnation für dieses Leben gewählt haben. Über das magentafarbene Licht kannst Du Deine intuitive Verbindung zu diesem Wissen stärken und Dich Deiner Bestimmung immer tiefer öffnen. Vertraue darauf, dass Dein Seelenstern Dich mit größter Weisheit führt und durchs Leben navigiert. So wirst Du genau zum richtigen Zeitpunkt die Impulse für Deine nächsten Schritte erhalten.

Magenta entsteht aus der Verbindung der Farben Rot und Violett. Rot ist die Farbe des Wurzelchakras, das für Erdung und Urvertrauen steht. Violett verbindet uns über das Kronenchakra mit den höheren spirituellen Dimensionen. Magenta schließt somit den Regenbogenkreis, indem es den Anfang und das Ende des Regenbogenspektrums in sich vereint. Das magentafarbene Licht ist der Strahl höchster Schwingungsharmonie. Er trägt eine hohe Liebesschwingung in sich und ist sozusagen die Steigerung des rosarotfarbenen Strahls. Magenta öffnet unser Herz für alles Schöne und Harmonische im Leben. Es steigert das Feingefühl all unserer Sinne und stärkt die Medialität und Wahrnehmungsfähigkeit. So werden wir immer durchlässiger und empfänglicher für kosmische Schwingungen und lernen, diese durch unser Wesen auszudrücken.

Magenta steht mit unserem Traumkörper in Verbindung. Der Traumkörper ist der schöpferische Aspekt unserer Seele, der sich in unserer Phantasie, in Tagträumen oder in nächtlichen Astralreisen ausdrückt. Er hat seine eigene Seelensprache und teilt sich uns in Form von Bildern, Gefühlen oder Symbolen mit. Unserem Verstand sind diese Botschaften oftmals nicht begreifbar, doch wir können lernen, uns mit dem Herzen auf diese Seelensprache einzustimmen. Die Bilder, die wir aus nächtlichen Träumen oder Meditationen in unser Erinnerungsbewusstsein tragen, sind Lichtessenzen, die als reine Schwingungsqualität in unserer Seele wirksam werden. Statt ihre Bedeutung mit dem Verstand zu analysieren, lasse Dich einfach einmal mit Deinem Herzen auf das Gefühl ein, das sie in Dir wachrufen. Über Dein Gefühl stehst Du in unmittelbarer Schwingungsharmonie zu der Essenz Deines Traumes und öffnest Dich somit neuen Möglichkeiten und einer neuen Realität. Wie Du weißt, erschaffen wir unsere Lebensrealität aus unseren inneren Überzeugungen und Erwartungen, die auch unser Empfinden und Gefühl prägen. Erzengel Metatron stärkt mit der hohen Liebesschwingung des magentafarbenen Lichtes Deine innere Harmonie und Dein Wohlergehen und öffnet Dein Bewusstsein für die Energie Deines Seelensterns. Aufgrund dieser Schwingungsharmonie ziehst Du mühelos all die Segnungen in Dein Leben, die gemäß Deines Lebensplanes jetzt für Dich bereitstehen. Das magentafarbene Licht stärkt die Kraft des Zulassens und Empfangens in Dir.

Auf unseren Körper wirkt das magentafarbene Licht regenerierend und heilend. Es umhüllt uns mit einem Licht- und Liebeskokon, der alle Chakras des Körpers umfasst und ihre Schwingungen ausgleicht. Krankheiten entstehen aus einer Disharmonie in unserem feinstofflichen System und Energiekreislauf. Durch Über- oder Unterfunktionen von Chakras kommt es zu energetischen Ungleichgewichten und Stauungen, die sich langfristig in körperlichen Beschwerden manifestieren können. So ist das magentafarbene Licht ein heilsa-

mer Strahl der Regenerierung und Harmonisierung, durch den wir uns jederzeit in einen wunderbaren Ausgleich bringen können. Dies geschieht auf einer subtileren Ebene als mit dem moosgrünen Heilungsstrahl, der über das Meridiansystem besonders die körperliche Regenerierung anregt. Der magentafarbene Strahl schafft eine Schwingungsharmonie in allen Energiezentren und gleicht Energiedefizite sowie -überschüsse aus. Zur Anregung des allgemeinen Wohlbefindens und der Gesundheit oder zur Vorbeugung von Beschwerden ist es besonders wirkungsvoll, Dich abends vor dem Einschlafen in eine Wolke aus magentafarbenem Licht einzuhüllen und Dich geistig mit Erzengel Metatron zu verbinden. Dies fördert einen tiefen, entspannten und erholsamen Schlaf. Gleichzeitig aktiviert sich dadurch die Ausdehnung Deines Traumkörpers, so dass Du mit Deiner Seele unter der Obhut Deines Schutzengels auf nächtliche Astralreise gehen kannst. Du wirst in genau die Seelenebenen und geistigen Gefilde geführt, in denen Dein Traumkörper all jene Lichtessenzen aufnimmt, die Deine Seele zur Stärkung für ihre nächsten Entwicklungsschritte benötigt.

Ein Mensch, der die Aspekte des magentafarbenen Ur-Energiestrahls in sich geheilt und integriert hat, erstrahlt in der natürlichen Anmut und Schönheit seiner Seele. Sein Wesen wirkt ausgewogen und harmonisch und er hat ein hochsensibles Gefühl für die Schwingungen in seiner Umgebung. In Gruppen sind diese Menschen ausgleichend und harmonisierend, da sie sich auf die unterschiedlichen Schwingungsqualitäten der Menschen einstellen können und verbindend wirken. Es ist ihre tiefste Motivation, die göttlichen Aspekte des Schönen, Guten und Wahren auszudrücken. So zieht es diese Menschen meistens in künstlerische Berufe, in denen sie beispielsweise durch Musik, Malerei, Kunsthandwerk oder Schriftstellerei ihren inneren Harmonien Ausdruck verleihen können. Auch in therapeutischen Heilberufen sind diese Menschen oftmals zu finden.

Der magentafarbene Ur-Energiestrahl ist mit der Lebenskraft unserer Träume und der Bestimmung unserer Seele verbunden. Deine Träume sind eine Quelle größter Weisheit. Du kannst diese Kraft nutzen, um Antworten auf drängende Lebensfragen zu erhalten. So erschließt Du Dir das Geschenk, aus einer universellen Weisheitsquelle zu schöpfen und die Perlen der Erkenntnis aus dem Meer der göttlichen Liebe zu fischen. Verbinde Dich hierzu vor dem Einschlafen mit Erzengel Metatron und gib Deine Frage an ihn ab. Bitte ihn darum, Dein Erinnerungsbewusstsein zu stärken, so dass Du Dich am Morgen besser an Deine Träume erinnern kannst. Du wirst die Antwort fühlen oder als eine innere Gewissheit in Dir tragen. Manchmal unmittelbar am nächsten Morgen, oftmals erst Tage später, aber immer genau zum richtigen Zeitpunkt auf Deinem Entwicklungs- und Lebensweg. So wächst auch das Vertrauen in Deine geistige Führung, die Deinen Seelenplan kennt und Dich weise durch das Leben führt.

Der violette und magentafarbene Strahl öffnet über unsere höheren Chakras (Kronenchakra und Seelenstern) die Tore zu den geistigen Bewusstseinsebenen und regt insbesondere unsere Bewusstseinserweiterung und -entwicklung an. Du erkennst immer mehr die wahre Größe Deines umfassenden geistigen Wesens, das sich in der physischen Manifestation

Deines Körpers ausdrückt. Durch diesen Perspektivwechsel – ein geistiges Wesen in einem physischen Körper zu sein – erschließen sich Dir neue Welten und Du löst Dich aus der Illusion der Begrenzung in der irdischen Welt. Durch Deine weite Seelenöffnung verbindest Du Dich mit einer Kraft und Lebensenergie, die alle Deine Vorstellungen übersteigt. Und so hast Du die schöpferische Quelle der Liebe, Fülle und Heilung in Dir gefunden. Du kannst geben, ohne Dich zu erschöpfen, denn die Quelle der Lebenskraft sprudelt unaufhörlich aus Deinem Inneren. Sie schenkt Dir ein erfülltes und glückliches Leben und fließt als Segensstrom in alles Seiende hinein.

Vom Tun zum Sein

Durch die Berührung mit den Erzengelaspekten ist eine wunderschöne neue Schwingungsharmonie in Dir entstanden. Seit Anbeginn der Zeiten trägst Du alle Licht- und Seelenqualitäten in Dir, die Du für ein erfülltes und glückliches Leben brauchst. Nun hast Du bewusst das Wissen und die Lichtwerkzeuge empfangen, um Dein Leben in allen Bereichen positiv zu gestalten. Der Wert dieses Wissens zeigt sich jedoch erst in seiner Anwendung. Und so tut sich ein weites und fruchtbares Übungsfeld in der Realität Deines Lebens vor Dir auf, in dem Du alle Farbstrahlen zur Anwendung bringen kannst. Eine der wichtigsten Erkenntnisse die wir mit Hilfe der Engel erfahren dürfen, ist die Bedeutung des wahren Seins. Das Sein, in der sich unsere innere Welt entfaltet und ausdrückt, ist der Schlüssel zur Erfüllung.

Unser Universum beruht auf Schwingungsharmonie. Gleiche Schwingungen ziehen sich nach dem Gesetz der Resonanz an, und so kannst Du bereits ermessen, dass jegliche Veränderung in Deinem Leben in Dir beginnt. Sehnst Du Dich nach einer liebenden Partnerschaft, so schaffe zunächst in Dir den Boden für Liebe und Harmonie. Wünscht Du Dir mehr materielle Fülle und Geld, so spüre in Dir die Gedanken des Mangels und der Begrenzung auf und ersetze sie durch Gefühle des Wohlstands, der Dankbarkeit und Fülle. Aufgrund der höheren Schwingung in Dir wirst Du automatisch neue Erfahrungen in Dein Leben ziehen. Um Dich von der Wirkung dieses geistigen Prinzips zu überzeugen, solltest Du mit kleineren Wünschen beginnen, die nicht so existentiell sind. Jedes Erfolgserlebnis wird den Glauben an Dich und Deine Kraft stärken, so dass Du immer motivierter bist, Dich mit Deiner inneren Welt zu verbinden und aus dieser unendlichen Quelle zu schöpfen. Die Erzengel sind uns dabei eine wunderbare Hilfe, denn durch ihre Energien fällt es uns viel leichter, uns in die entsprechende Schwingungsqualität zu versetzen und eventuelle Blockaden, die unseren freien Lebensfluss bisher behindert haben, zu transformieren. Natürlich ist nach wie vor unser Handeln gefragt, doch aus der Kraft des Seins kommt Deine Motivation dazu zielgerichtet aus Deinem Inneren. Damit geht auch einher, dass Du Dich weniger von den Erwartungen und Wünschen Deiner Mitmenschen beeinflussen lässt und selbst die Zügel Deines Lebens in der Hand hältst. Aus Deinem inneren Sein strahlst Du in großer Kraft und Klarheit die Absicht Deiner Seele aus und erhältst alle Energie, die Du zur Umsetzung und Erreichung Deiner Ziele benötigst. Ein Mensch, der so tief in sich ruht, baut ein starkes Kraftfeld für seine gesamte Umgebung auf und zieht automatisch jene Menschen an, die mit ihm dieses Ziel sowie Liebe, Heilung, Erfolg und Fülle anstreben.

Unser Ego ist der Teil unseres Bewusstseins, der in der äußeren Welt agiert. Durch ihn erleben wir uns als individualisiertes Bewusstsein, das nach Außen wirkt, uns nach Anerkennung streben lässt und uns oftmals auch auf Umwege führt. Im Sein dagegen drückt sich unsere Seele aus, die das Wissen um unseren Lebensplan enthält. Und so gibst Du Dich im Sein dem Geschenk der geistigen Führung hin, die Dich auf direktem Wege entsprechend Deines Seelenplanes auf den Weg nach Hause führt: in die Vereinigung mit dem Bewusstseinsmeer des All-Einen. Dieser Weg kann steinig sein, bergauf und bergab führen, denn Deine Seele ist auf Erden, um zu wachsen und Bewusstseinsanteile zu heilen und zu befreien. Doch immer ist der Weg geschmückt von den Blüten der Erkenntnis und der Bewusstseinsreife, die Du erlangst. Und das ist es, wonach Deine Seele strebt. Die Engel sind stets bemüht, Dir den Weg zu ebnen und Dir mit ihren Energien liebevolle Wegbegleiter zu sein. Durch ihre Begleitung wird der Weg Schritt für Schritt immer leichter. Mit jedem Gipfel der Freude, den Du erklimmst, erhebst Du Dich aus dem Dickicht der alten Erfahrungen und gewinnst Weitblick und neue Erkenntnisse.

„Unser Universum beruht auf Schwingungsharmonie, in dem sich gleiche Schwingungen nach dem Gesetz der Resonanz anziehen."

Verankert in Deinem wahren göttlichen Sein lebst Du ganz im Augenblick, dem kraftvollsten Moment Deines Lebens. Es gibt eigentlich nur den Augenblick und das ewige Jetzt, denn die Vergangenheit ist vorbei und die Zukunft liegt noch vor uns – sie spielen sich nur in unseren Gedanken ab. Ein überaktiver Verstand, der sich ständig in Gedankenkreisläufen bewegt, verschließt uns den Zugang zur Fülle des Augenblicks, die wir nur durch das Fühlen erfahren können. Das Gefühl verankert uns in der Gegenwart, in unserem göttlichen Sein. Es ist das pure Erleben des Augenblicks. Spüre Dich einmal in Dein Sein hinein – Dein Atem und die Gedankenenergie „ICH BIN die/der ICH BIN" unterstützen diesen Vorgang. Indem Du Deinen Atemstrom beobachtest, kannst Du Dich wunderbar im Augenblick verankern. Das Sein ist Deine wahre Existenz. Unser Ego identifiziert sich mit dem, was wir erreicht haben, besitzen oder anstreben. Damit gehen viele Ängste einher, zum Beispiel die Verlustangst. Doch Deine Seele ist unsterblich, sie existiert einfach und wahrhaft. Wenn Du diesen Gedanken tief in Dir nachfühlen kannst, dann spürst Du die Bedeutung Deines wahren Seins. Dir kann nichts passieren, denn Du bist aufgehoben in alles umfassender, göttlicher Liebe.

Du selbst bist Licht und Liebe. Und dieser Seinszustand hält eine unermessliche Fülle für Dich bereit. Aus dieser Quelle stehen Dir Ressourcen zur Verfügung, von denen Du nicht einmal zu träumen gewagt hast. Es sind Deine Gaben und Talente, die Du bereits mit in dieses Leben gebracht hast. Und so führen Dich die Engel und Erzengel zu diesem inneren Schatz und er-innern Dich daran, wofür Du hierher gekommen bist: um Deine Talente zu bergen und sie in Deinem Leben erstrahlen zu lassen. Aus der Kraft Deines Seins und Deiner Seelenessenz ist Dein Tun beseelt und Deine Handlungen tragen die Früchte der Erfüllung in Dein Leben und das Deiner Mitmenschen. Gemäß der Schwingungsresonanz wird Dir das Leben mit Fülle antworten.

Und so nimm Dir jeden Tag einige kraftvolle Momente der Stille, in denen Du Dich ganz einfach auf Dein Sein – Dein göttliches ICH BIN – einschwingst und Dich darin ausdehnst. In dieser inneren Stille ist es den Engeln und Erzengeln möglich, Dich aufs Tiefste zu berühren. Es braucht Deine entspannte und konzentrierte Aufmerksamkeit, um ihre Energien bewusst wahrzunehmen. Aus Deiner inneren Quelle erhältst Du alle Kraft, die Du zur Erfüllung Deiner Aufgaben benötigst. Lerne, auf Deine innere Stimme – in Form Deiner Empfindungen, Gefühle oder inneren Bilder – zu lauschen und zu achten. Die Botschaften und Inspirationen der Engel erreichen Dich, wenn Du bereit dafür bist, über Dein offenes Herz. Dadurch wird Dir das Geschenk der Führung zuteil, immer Schritt für Schritt gemäß Deines Seelenplanes, der sich Dir nie auf ein Mal enthüllt. Das würde jeglicher Freiheit, vor allem auch Deinem freien Willen, widersprechen. Sieh die Engel als liebevolle Wegweiser, die Dir an den Kreuzungen des Lebens mit Rat und Tat zur Seite stehen.

Der geistigen Führung und damit der Stimme unseres Herzens zu folgen, erfordert Mut und Vertrauen. Als alte Seelen ist es eine unserer Prüfungen, immer mehr die Kontrolle des Verstandes loszulassen und uns der Entwicklung unserer Seele hinzugeben. Das bedeutet oftmals, die vermeintlich sicheren und ausgetretenen Pfade der Gesellschaft zu verlassen und mutig gegen den Strom zu schwimmen. Denn als alte Seelen haben wir uns vorgenommen, das Licht unserer Bewusstheit in die Materie zu tragen und neue Wege, Gedanken und Gefühle aufzuzeigen. Das erfordert sehr viel Mut und Selbstvertrauen in unsere eigene Kraft und Stärke. Und so spannen Dir die Erzengel Lichtbrücken auf Deinem Lebensweg und schenken Dir die Kraft, vorauszugehen. Du ebnest mit Deinem Herzenslicht und Deiner Liebe den Weg für viele Menschen, die auf der Suche nach dem göttlichen Licht nach Dir kommen werden.

Die schöpferische Macht der Gedanken und Gefühle

Je mehr Du Dich in Deinem göttlichen Sein verankerst, desto stärker wirst Du Dir der schöpferischen Macht Deiner Gedanken und Gefühle bewusst. Der Gedanke ist die Urkraft eines jeden Schöpfungsprozesses, so auch der Entwicklungsschritte die Du machst. Nun wirst Du gerade bei unerfreulichen Situationen in Deinem Leben erstaunt fragen: „Das kann ich mir doch nicht selbst erschaffen haben?" Und doch ist es so. Wir denken nur zu einem kleinen Teil bewusste Gedanken, den größeren Anteil macht unser Unterbewusstsein aus, welches wir nicht bewusst steuern können. Es ist der intuitive Bewusstseinsanteil, zu dem wir in Meditationen und Träumen, also erweiterten Bewusstseinszuständen, Zugang finden. Unser Unterbewusstsein „denkt" – im Gegensatz zu unserem rationalen Verstand – in Bildern, die es unter anderem auch aus unseren Erinnerungen und Lebenserfahrungen abspeichert. Dabei kann es nicht unterscheiden, ob es eine wirkliche Erfahrung oder eine bloße Vorstellung ist. Aus diesem Grund sind Visualisierungsübungen, in denen wir unserem Unterbewusstsein positive Bilder dessen einprägen, was wir uns wünschen oder erreichen wollen, so wirkungsvoll. Wir bedienen uns einer großen intuitiven Macht und Kraft, die uns ganzheitlich unterstützt, unsere Ziele effizient zu erreichen.

Jeder Gedanke setzt eine Schwingung frei, die sich in unserer Seele als Gefühl ausdrückt und in unserem Körper wahrnehmbar ist. Unsere Gefühle zeigen uns unmittelbar an, ob wir positive und aufbauende Gedanken oder negative Gedanken denken, die im Widerspruch zu unseren Wünschen und Zielen stehen. Wenn Gedanke und Gefühl sozusagen synchron auf einer positiven Frequenz schwingen, erzeugen wir eine starke Verwirklichungskraft, die unsere Realität beeinflusst und das Gewünschte zu uns zieht. Es bedarf also der achtsamen Ausrichtung unserer Gedanken und Gefühle, um uns mit dieser machtvollen Schöpferkraft ein erfülltes Leben zu kreieren. Auch hierbei stehen uns die Erzengel wirkungsvoll zur Seite.

Wenn wir uns mit ihnen verbinden, heben sie in ihrer reinen Licht- und Liebesschwingung unsere Gedanken und Gefühle automatisch auf eine höhere Frequenz. So gelingt es uns leichter, aus alten Gedankenschleifen oder negativen Gefühlen auszusteigen und uns auf einer höheren Schwingungsebene neu auszurichten. Da Klang und Farbe ein Ausdruck von Schwingung ist, kannst Du den Erzengel entweder über seinen Namen anrufen oder einfach die Farbe visualisieren, um Dich mit seinen lichtvollen Energien zu verbinden.

„Das Gefühl der Dankbarkeit öffnet Seelentore zur Fülle des Lebens. Übe Dich jeden Tag in Gefühlen tief empfundener Dankbarkeit."

Es kann nicht oft genug betont werden, wie wichtig das Gefühl der Dankbarkeit in Deinem Leben ist. Dankbarkeit öffnet Bewusstseins- und Seelentore zur Fülle des Lebens. Dein Herz geht auf und Du richtest Deinen Blick auf die Schönheit und das Gute, was in Deinem Leben bereits vorhanden ist. Erfüllt von dieser positiven Kraft und Schwingung, ziehst Du automatisch weitere, dieser Schwingung entsprechende Erfahrungen in Dein Leben. Lasse keinen Tag ohne Gefühle der Dankbarkeit verstreichen und übe Dich immer wieder in dieser wunderbaren Seelenkraft. Am wirkungsvollsten ist dies am Morgen, um Dich positiv auf den Tag einzustimmen. Nutze die Zeit unter der Dusche, um Dich auch geistig von altem Ballast, Kummer oder Sorgen frei zu spülen. Stelle Dir dazu den kristallweißen Strahl vor, wie er im Strom des warmen Wassers durch Deine Aura fließt und Dich von alten Energien reinigt. Dann stelle Dir vor, wie sich der rubinrotgoldene Strahl der Dankbarkeit und Gnade mit Deinem Atem verbindet und aus Deinem weit geöffneten Herzen in Dein Leben strömt. Mache Dir mit einigen Sätzen „ICH BIN dankbar für …" das Gute in Deinem Leben bewusst. In dieser Ausrichtung wird Dein Tag beschwingt und leicht beginnen.

Lebe Deine Schöpferkraft

Engel unterstützen uns darin, die in uns liegende Schöpferkraft durch den bewussten Umgang mit unseren Gedanken und Gefühlen zu entfalten. Nutze die lichtvolle Hilfe der Engel, um Dich in der Erfüllung Deiner Herzenswünsche unterstützen zu lassen. Herzenswünsche werden aus der Tiefe unserer Seele geboren. Sie sind ein Ausdruck dessen, wonach unsere Seele sich sehnt und was sie für ihre optimale Entfaltung und Entwicklung braucht. Gemeint ist hier nicht das Wollen unseres Verstandes, das unserem Ego entspringt. Der Verstand, der sich in unserem Willen ausdrückt, neigt dazu, alles kontrollieren zu wollen. Auf der einen Seite gibt uns das Gefühl, unser Leben planen zu können, Sicherheit. Andererseits engen wir uns damit in den Möglichkeiten, die so vielfältig und unendlich sind, ein. Sicherlich erfordert es viel Vertrauen, einen Wunsch an die Engel abzugeben und sich ganz auf ihre Führung einzulassen, aber die Ergebnisse werden Dich schnell überzeugen.

Unser Verstand ist an die dritte Dimension, die Welt der materiellen Erscheinungen, gebunden. Mit unserer Seele und durch die Hilfe der Engel haben wir dagegen Zugang zu höheren Dimensionen, denn die Engel schließen uns den Himmel auf. Hier herrschen Kräfte und Möglichkeiten – im Sinne des Lichtes und der Liebe – die unsere Vorstellungskraft weit übersteigen. Und so darf Dein Verstand in Verbindung mit den Engeln neue Erfahrungen machen und dazulernen. In unserer rational geprägten westlichen Welt werden wir von Kindesbeinen an auf den Gebrauch des Verstandes und die analytischen Fähigkeiten der linken Gehirnhälfte trainiert. Sie ist der Sitz unseres Willens – des urmännlichen, tatkräftigen Pols. Unsere rechte Gehirnhälfte ist die körperliche Pforte zur Intuition, Kreativität und Phantasie unseres Geistes – dem empfangenden urweiblichen Pol. Sie denkt systemisch, in größeren Zusammenhängen und Bildern. Beide Kräfte, die systemische Intuition wie auch die lineare Ratio, sind gleichberechtigte Teile unserer Schöpferkraft. Die kreativsten Ideen nützen uns nichts, wenn wir sie nicht durch rationale Entscheidungen und konsequentes

Handeln in der Welt der Materie umsetzen können. Sie verblassen wie Seifenblasen oder Illusionen. Die Überbetonung der rationalen Seite dagegen schränkt uns ein. Wir bleiben aus Gewohnheit oder Sicherheitsdenken in alten Fahrwassern und Gleisen, was zu Routine und Langeweile führt. Eine ausgewogene Schöpferkraft erleben wir im kreativen Geist, der aus dem Meer der Möglichkeiten neue Ideen und Bewusstseinsfunken fischt, die wir dann durch den Gebrauch unseres Verstandes und unsere Tatkraft in die verschiedenen Formen der Materie übertragen. Wenn wir im Altbekannten verharren, schränken wir uns in unserer seelischen Weiterentwicklung selbst ein. Mit ein wenig regelmäßigem Training Deiner rechten, intuitiven Gehirnhälfte – z.B. durch Meditation, Malen, Musik, Bewegung oder auch kinesiologischen Übungen zum Ausgleich beider Gehirnhälften – erschließt Du Dir also neue Bewusstseinsdimensionen, zu denen Dir die Engel und Erzengel Lichtbrücken bauen. Sie lassen Dir Inspirationen und Energien zufließen, die Dein Denken, Fühlen und Handeln befruchten und auf eine höhere Stufe heben.

„In unserem Menschsein machen wir die großartige Erfahrung, Schöpfer im Spielfeld unseres Lebens zu sein."

In der geistigen Hierarchie sind die Erzengel einer hohen Schwingungsebene zugeordnet, die dem göttlichen All-Einen sehr nahe steht. Diese hohe Lichtebene können wir als Schöpfungsebene bezeichnen. Durch die Erzengel bricht sich das Licht des All-Einen wie durch ein Kaleidoskop in seine Farbspektren und seine unendlichen Möglichkeiten auf. So erhältst Du durch die Kraft der Erzengel reinste Schöpfungsfunken, die sich als Ideen in Deinem Geist manifestieren. Auf den Strahlen der Erzengel wirken wiederum Heerscharen von Engeln, die das göttliche Licht durch alle Dimensionen und Bewusstseinsschichten bis in unsere dichte, materielle Welt tragen. Mit unserem rationalen, linearen Verstand ordnen wir diese Hierarchie vertikal ein, die Erde unten und der Himmel oben. Schnell verknüpfen wir mit dieser Anschauung auch eine Bewertung im Sinne von „niedrig" und „hoch". Wir sehen die geistige Welt darin getrennt und außerhalb von uns und ordnen sie den „hohen Himmeln", und damit als weit entfernt von uns, zu. Engel eröffnen uns ein neues Verständnis für ein energetisches, holistisches Weltbild, in dem alles Schwingung und miteinander verbunden ist. Wir sind also ein multidimensionales Wesen, das in verschiedenen Schwingungsebenen gleichzeitig beheimatet ist. Die Erde, Dein Körper und die materielle Welt sind eine Ebene stärkster Verdichtung und langsamster Schwingung. Um sie herum hüllen sich verschiedene Schichten höherer Schwingung, die immer transparenter und für unsere physischen Augen unsichtbar werden. Gefühle zum Beispiel erlebst Du als sehr real, aber sie sind nicht greif- oder sichtbar (außer Du bringst sie durch Deinen Körper zum Ausdruck). Gefühle sind dem Emotionalkörper, einer ätherischen Hülle Deiner Aura zugeordnet. Sie sind Schwingung von höherer und schnellerer Frequenz. Und so dehnt sich die Schwingung immer weiter aus und bildet Bewusstseinsfelder gleicher Schwingung. Wir sind umgeben von einem Bewusstseinsfeld alles umfassender göttlicher Liebe, Heilung und Fülle. Das göttliche Prinzip der Fürsorge möchte uns mit allem versorgen, was wir für unsere Entwicklung benötigen. Es bedarf nur unserer inneren Öffnung und Hingabe an die göttliche Liebe. In diesen geistigen Ebenen, und insbesondere über unsere lebendigen Gefühle, findet die Berührung mit Engeln statt. Wenn wir uns ihren Schwingungen öffnen, durchdringen sie uns, heben uns in unserer Eigenschwingung an und versorgen uns mit allem, was wir brauchen.

Unsere Entwicklung besteht darin, dass wir immer wieder neue Bewusstseinsstufen erreichen und unseren Geist ausdehnen. Du selbst bist mit Deinem Leben, Deinem Körper, ein Kulminationspunkt der Schöpfung, durch den sich das All-Eine in einzigartiger Weise ausdrückt. Ebenso speist Du das All-Eine durch Deine individuellen Erfahrungen und Erkenntnisse, wodurch sich die Schöpfung und alles Seiende ständig weiterentwickelt. Kannst Du durch diese Gedankenansätze ermessen, auf welch gigantischer Bewusstseinsreise wir uns alle befinden? Die körperliche Existenz ist nur eine Ausdrucksebene davon, aber sie ermöglicht uns die großartige Erfahrung, uns als Schöpfer im Spielfeld unseres Lebens zu erleben. Aus dieser Perspektive magst Du das Geschenk des Lebens und der körperlichen Existenz ermessen. Durch unsere Bewusstseinsentwicklung haben wir die Möglichkeit, uns von Leid und Erdenschwere zu befreien und uns ein erfülltes und glückliches Leben zu kreieren. Dazu erhalten wir alle nur erdenkliche geistige und himmlische Unterstützung. Es braucht nur Dein Ja zum Leben und Deine Herzensoffenheit, die Engel in Dein Leben einzuladen, dann können Dir unermessliche Hilfen und Energien zufließen.

Wunscherfüllungsrituale mit Engeln

Für eine praktische Anwendung Deiner Schöpferkraft stellen Dir die Erzengel hier verschiedene Methoden und Rituale vor. Es geht darum, dass Du offen und experimentierfreudig an Deine Wünsche herangehst. Sieh diese Methoden als Anregung, um Deine ureigene Art und Form der Schöpferkraft und Wunschrealisierung herauszufinden. Folge Deinem Gefühl, was für Dich stimmig ist und traue Deiner Inspiration, eigene Rituale zu entwickeln.

Großes Wunscherfüllungsritual mit Erzengeln

In diesem Ritual unterstützen Dich alle acht Erzengel in einer inneren Reise durch ihre individuelle Energie, um Deinem Wunsch Schub- und Verwirklichungskraft zu verleihen. Nutze dieses Ritual, wenn Du die Zeit hast, Dich eingehender in Form einer Meditation mit Deinem Wunsch zu befassen. Dieses Ritual bietet sich auch für größere Wünsche an.

Über das Lesen hinaus ist es hilfreich, Dir den Text der folgenden Meditation auf eine Kassette aufzunehmen, so dass Du Dich noch entspannter führen lassen kannst.

Setze Dich bequem hin, stelle die Füße auf den Boden, damit Du gut geerdet bist und lege die Hände locker auf Deine Oberschenkel. Atme einige Male tief ein und aus und lasse Dich vom gleichmäßigen Strom Deines Atems in Deine Seelenschichten und Dein hell strahlendes ICH BIN hineintragen. Du wirst immer ruhiger und ausgeglichener. Mit dem nächsten tiefen Atemzug öffnet sich Dein Herzenergiezentrum ganz weit. Wie eine Blüte ist Dein Herzzentrum weit geöffnet und Du dehnst Dich im Duft, den Deine Seelenblüte verströmt, immer weiter und weiter aus. Genieße das Gefühl, in Deinem Herzen und bei Dir selbst angekommen zu sein.

Und so spürst Du, wie Du von den moosgrünen Lichtschwingungen des Erzengels Raphael eingehüllt wirst. Das moosgrüne Licht berührt Dich tief im Herzen und harmonisiert alle Deine Energieströme. Du findest die Balance Deiner Seelenschwingung und fühlst den Raum, in dem sich Deine Seele entspannen und ausdehnen kann.

Eingeschwungen auf den Rhythmus Deiner Seele siehst oder fühlst Du, wie ein saphirblauer Lichtstrahl Dich umspielt und sich mit dem Chakra Deines Dritten Auges verbindet. Erzengel Michael lässt Dir saphirblaue Schwingungen zufließen und aktiviert sanft Dein Drittes Auge. Spüre, wie sich Deine Vorstellungskraft erhöht. Und so tauchst Du mit Deiner Vorstellungskraft in Deine Seelenlandschaft ein, die sich Dir augenblicklich in Schönheit und Harmonie vor Deinem Dritten Auge entfaltet.

Angekommen in Deiner Seelenlandschaft siehst oder fühlst Du, wie eine Dir sehr vertraute Energie an Deine Seite tritt. Es ist Dein Schutzengel, der Dich mit seinem Liebeslicht umfängt und einhüllt. Genieße die stärkende Verbindung mit Deinem himmlischen Freund und lasse Dich von ihm an seine geistige Hand nehmen. Sicheren Schrittes führt er Dich durch Deine Seelenlandschaft an einen wunderbaren Platz, der für Dich bestimmt und vorbereitet ist. Hier kannst Du Dich niederlassen und spüren, wie eine kristallklare Energie Dich umfängt. Du wirst durchspült von kristallklaren Schwingungen des Erzengels Gabriel, die Dir Reinheit und Klarheit schenken. Spüre, wie sich Dein Aurafeld reinigt, ausrichtet und neu ordnet. In der Gnade dieses Augenblickes berührt Dich Dein Schutzengel mit seinen liebenden Energien tief im Herzen. Und so taucht aus der Tiefe Deines Herzens ein Wunsch auf, für den nun die Zeit gekommen ist, sich in der Realität Deines Lebens zu verwirklichen. Lasse Dir für diesen energetischen Vorgang einige Momente in Stille Zeit. Beobachte, welche Gefühle, Bilder oder Gedanken in Dir aufsteigen und lasse Deinen Wunsch eine immer konkretere Form annehmen, bis er sich ganz deutlich vor Deinem geistigen Auge kristallisiert. – Stille –

Dein Wunsch hat nun Form angenommen und Du siehst ihn in seiner ganzen Pracht und Herrlichkeit vor Dir. Und so kannst Du wahrnehmen, wie Dich nun eine strahlende, violettfarbene Schwingung umfängt. Es ist Erzengel Zadkiel, der Deine Visionskraft stärkt und Dich noch tiefer mit der Realität Deines Wunsches verbindet. Tauche mit Deiner Vorstellung ganz und gar ein in diese geistige Realität, so dass Du die Situation förmlich erleben, fühlen, sehen, riechen oder auch schmecken kannst. Mit allen Sinnen nimmst Du Deinen Wunsch tief in Dich auf. Und mögen in diesem Moment Gefühle auftauchen, die Dich bisher bedrückt, eingeschränkt und von diesem Wunsch getrennt haben, so kannst Du sie getrost den Flammen des violetten Lichtes übergeben. Siehe, wie diese kraftvolle Transformationskraft alle Schwingungen, die Dir nicht mehr entsprechen und dienlich sind, aufnimmt und umwandelt. Unterstütze diesen Vorgang durch einige tiefe Atemzüge und spüre die Befreiung und Weite in Deinem ganzheitlichen Sein. Nun hast Du Dich von allen Dissonanzen befreit und stehst in perfekter Schwingungsharmonie mit dem Wunsch Deiner Seele. Genieße das Gefühl, eins zu sein mit Deinem Herzenswunsch.

Und so aktiviert sich nun das goldgelbe Licht durch Erzengel Jophiel. Sonnengleich umfängt er Dich mit dem Strahlenkranz seiner Liebe und Weisheit und berührt Dich tief in dem uralten Wissen Deiner Seele. Eingetaucht in dieses Lichtbad fühlst Du die reine Freude Deines Seins, die Freude am Da-Sein. Du spürst Dein Geburtsrecht, ein reiches, glückliches und erfülltes Leben zu leben. Tauche in der stillen Freude dieses heiligen Momentes in die Gefühle ein, die Dir die Erfüllung Deines Herzenswunsches schenken. Auf dieser Ebene ist er bereits real und Du darfst die Fülle des Augenblicks und die Herzensfreude genießen. Und so strahlst Du diese Energie über Dein aktiviertes Sonnengeflecht, dem Energierad Deiner Gefühle, in den Kosmos aus. Weithin verströmen sich die Freudenfunken Deiner Seele und ziehen all das an, was ihrer Schwingung gleicht. Und so atmest Du über Dein weit geöffnetes Sonnengeflecht die Gedankenenergie „ICH BIN die Sonne meines Lebens" ein und aus.

Weit geöffnet und ausgedehnt nimmst Du nun den Boden wahr, auf dem Du in Deiner Seelenlandschaft liegst oder stehst. Du spürst, wie Mutter Erde Dich mit ihrer unermesslichen Liebe trägt, nährt und versorgt. Und so strömt über Deine weit geöffneten Fußenergiezentren das rubinrotgoldene Licht von Erzengel Uriel in Deinen Körper und füllt Dich ganzheitlich mit den Schwingungen der Dankbarkeit und göttlichen Gnade an. Dein Herz wird noch freier und weiter und Du spürst die tiefe Dankbarkeit über die Erfüllung Deines Herzenswunsches. Und so genieße die Gewissheit in Dir, dass alles, was Du auf dieser geistigen Ebene fühlst und erlebst, sich aufgrund der Schwingungsresonanz auch in der Realität Deines Lebens zeigen wird. Aus Deinem weit geöffneten Herzen verströmt sich ein Dankgebet für die Segnungen Deines Lebens in alles Seiende.

Und so wirst Du nun von rosarotfarbenen Liebesschwingungen umhüllt, die Deine Aura ganz anfüllen. Die rosarote Liebesschwingung von Erzengel Chamuel magnetisiert Dein Aurafeld mit der höchsten Energie der Schöpfung: der Liebe. Eingehüllt in dieses göttliche Liebesfeld ziehst Du automatisch all das in Dein Leben, was Deiner Seelenschwingung gleicht. Und so lasse Dich wiegen und einhüllen von höchster göttlicher Liebesenergie, die Dich in Deinem Sosein bedingungslos annimmt und liebt. Alles ist gut, so wie es jetzt ist.

Nun umfängt Dich Erzengel Metatron mit seinem magentafarbenen Licht. Er umschließt alle Chakren Deines Körpers mit dem regenerierenden und stärkenden Liebeslicht und verbindet Dich mit Deinem Seelenstern. Genieße im magentafarbenen Lichtfeld die Ausdehnung Deiner Seele und empfange dankbar die Impulse und Führungen, die Dir aus dem hohen Bewusstsein Deines Seelensternes zufließen. Vertraue auf die exakte geistige Führung, die Dir zuteil wird und gehe mutigen Schrittes auf Deinem Lebensweg voran. Gemäß des göttlichen Planes wird sich Dein Wunsch genau zum richtigen Zeitpunkt in Deinem Leben verwirklichen.

Und so berührt Dich Dein Schutzengel nochmals in Deinem Herzen. Du erhebst Dich von dem Platz in Deiner Seelenlandschaft und Dein Schutzengel begleitet Dich Schritt für

Schritt zurück in Deinen Herzensraum. Du atmest wieder einige Male tief ein und aus und fühlst die Vorfreude Deines Herzens auf all das, was Du auf der geistigen Ebene bereits manifestiert hast. Dein Schutzengel passt nun die Frequenz Deiner Energiezentren wieder der Schwingung Deines Tagesbewusstseins an. Du bewegst sanft Deine Hände und Füße und mit dem nächsten tiefen Atemzug öffnest Du Deine Augen und bist wieder ganz präsent im Hier und Jetzt.

Wunschbotschaft an Deinen Schutzengel

Dieses Kurzritual bietet sich dafür an, die Verbindung mit Deinem Schutzengel zu stärken. Indem Du Dir erlaubst, Deine Wünsche wahrzunehmen und sie mit Hilfe Deines Schutzengels in den Kosmos zu senden, öffnest Du Dich für die höhere Führung, die Dir Möglichkeiten zur Erfüllung aufzeigt, auf die Du selbst vielleicht nie gekommen wärst. So entsteht ein wunderbarer neuer Fluss in Deinem Leben. Du kannst diese kurze Übung überall spontan durchführen, sie ist sozusagen Dein „heißer Draht" nach oben.

Atme einige Male über Dein Herzenergiezentrum ein und aus und lasse beim Ausatmen alle Spannungen, Sorgen und Gedanken von Dir abfließen. Du wirst mit jedem Atemzug weiter und freier. Nun verbinde Dich über Dein weit geöffnetes Herz mit Deinem Schutzengel und rufe ihn an Deine Seite. Stelle Dir Deinen Wunsch klar und deutlich vor und sieh, wie Du den Wunsch auf ein Kärtchen schreibst. Versuche, den Wunsch möglichst präzise zu formulieren. Dann stecke das Kärtchen geistig in einen rosaroten Umschlag und übergib ihn Deinem Schutzengel. In diesem Moment hast Du losgelassen und es liegt nun in der Obhut Deines Schutzengels, diesen Wunsch in die geistigen Ebenen zu tragen. Vertraue darauf, dass sich durch die Führung Deines Schutzengels der Wunsch genau so erfüllt, wie es für Dich gut und richtig ist. Zum Abschluss bedankst Du Dich bei Deinem geistigen Freund für seine Hilfe. Danke, als hätte sich der Wunsch bereits erfüllt. Dein fester Glaube an die Erfüllung wird den Prozess unterstützen und beschleunigen.

Seelenseiten schreiben

Das Schreiben von Seelenseiten bringt Dich in eine tiefere Verbindung zu Deinen Gefühlen und stärkt Deine Intuition. Im Schreibfluss öffnest Du Dich für die Botschaften und die Weisheit Deiner Seele und lässt sie in Dir aufsteigen. Nutze diese Technik, um Dir den Zugang zu Deiner inneren Welt zu erschließen.

Für mich persönlich war es eine Offenbarung, diese Form des Schreibens, angeregt durch das Buch „Von der Kunst des Schreibens" von Julia Cameron, zu entdecken. Ich gebe meinen Tagebüchern immer einen Titel, z. B. „Die Macht der Dankbarkeit", „Die Erweckung meiner Schöpferkraft" oder „Das Buch der Liebe", um mich in den Wochen und Monaten, in denen mich das Buch begleitet, auf verschiedene Aspekte zu fokussieren. Das Schreiben der Seelenseiten befreit und entspannt, ich finde ganz zu mir selbst und gebe den Wünschen und Träumen Raum, die ich in der Hektik des Alltags gar nicht wahrnehmen würde. Meine schönste Erfüllung habe ich diesbezüglich mit meinen Atelierräumen erlebt. Irgendwann tauchte in mir der Wunsch nach Kreativräumen auf. Bislang hatte ich mein Büro in der Wohnung gehabt und nun wollte ich mehr Lebendigkeit und Begegnungen erleben. Ich stellte mir vor, wie diese Atelierräume durch ihre Gestaltung erfüllt sind von Kreativität, die mich beim Betreten der Räume schon inspirieren würde. Als dieser Wunsch geboren war, fand ich tatsächlich Räume, ein ehemaliges Ladengeschäft, die so ideal waren, dass sie meine Vorstellung noch überstiegen. Es gab nur einen Haken: sie waren vermietet. Und so blieb mir nichts anderes übrig, als loszulassen. Immer, wenn ich an mein Atelier dachte, tauchten allerdings wieder und wieder diese Räume auf, obwohl ich wusste, dass es keine Aussicht darauf gab. Und so nutzte ich meine Seelenseiten, um meinem Traum Raum zu geben. Ich schrieb einfach nur auf, wie ich leben und arbeiten will, wie ich mich dabei *fühlen* will. Ich war selbst erstaunt, wie es nur so aus meiner Feder floss und mir ganz konkret sehr viele Dinge in den Sinn kamen, die ich in den Atelierräumen anbieten will. Wenn ich irgendwo einkaufen ging, sah ich schöne Dinge für mein „imaginäres Atelier" (es war ja absolut noch nicht greifbar) und richtete es in Gedanken schon ein. Meine Phantasie war gar nicht zu bremsen. Und dann kam eine überraschende Nachricht: die Mieterin der Räume schrieb mich ein halbes Jahr später an, dass die Räumlichkeiten frei werden und fragte, ob ich noch interessiert sei. Interessiert war gar kein Ausdruck, in mir glühte der Wunsch und ich konnte es kaum fassen, dass er nun real werden würde. Ich musste dann sehr kurz entschlossen sein und so fand ich mich ein knappes dreiviertel Jahr später in genau diesen Räumen wieder. Das Aufschreiben meines Wunsches und die Gefühle, die er aktivierte, ergaben diese unglaubliche Beschleunigungskraft.

Und so geht es bei den Seelenseiten weniger darum, Tagebuch zu führen und die Ereignisse der Gegenwart zu wiederholen, sondern vielmehr um das Eintauchen in Deine Wünsche, aus denen Du Deine Zukunft gestaltest. Es ist der göttliche Wille, dass Du ein erfülltes und glückliches Leben führst. Und so unterstützen Dich die Engel darin, Deine Visionskraft zu entfalten, Deine Lebensträume zu erspüren und mit ihrer Hilfe Wirklichkeit werden zu lassen.

„Das kreative Schreiben bringt Dich in Kontakt mit Deinen tieferen Gefühlen und Herzenswünschen."

Für das Schreiben Deiner Seelenseiten legst Du Dir am besten ein schönes Buch zu. So sammelt sich Eintrag um Eintrag zum persönlichen Buch Deines Lebens. Es ist besser, die Seelenseiten von Hand zu schreiben (und nicht am Computer, auch wenn das vielen Menschen heutzutage schneller und fast leichter von der Hand geht). Das handschriftliche Schreiben aktiviert eine Eigenschwingung in Deiner Seele, durch die Du in einen noch tieferen Kontakt mit Deinen Gefühlen kommst. Du folgst geistig Deinem Gedankenfaden und bringst ihn in der geschwungenen Linie Deiner Handschrift zum Ausdruck. Nimm Dir für diese meditative Übung am besten täglich eine halbe Stunde Zeit. Stelle Dich fest darauf ein, ein bis drei (oder auch mehr) Seelenseiten zu schreiben und tue es möglichst regelmäßig. Wenn Du Dich erst einmal zum Schreiben motiviert hast, möchtest Du diese fruchtbaren Momente der Innenschau nicht mehr missen.

Schaffe Dir für das Schreiben Deiner Seelenseiten einen angenehmen Rahmen, in dem Du Dich wohl fühlst und entspannen kannst. Zünde Dir eine Kerze und vielleicht auch ein Räucherstäbchen an. Schaue einige Momente lang in die Kerzenflamme oder besser noch in den aufsteigenden Rauch des Räucherstäbchens, der Himmel und Erde verbindet. So wirst Du immer ruhiger und gedankenleer, Dein Geist weitet sich und Du kommst in Verbindung mit Deinen Gefühlen. Spüre nach, was in Dir ist. Dann folge Deinem Impuls und beginne, zu schreiben. Schreibe einfach den allerersten Gedanken auf und wenn er Dir noch so banal erscheint. Es geht zunächst nur darum, in einen flüssigen Schreibfluss zu kommen. Und wenn Du nicht mehr weiter weißt, dann schreibe einfach diesen Gedanken auf. Später, wenn Du geübter bist, wird der Schreibfluss in ein automatisches Schreiben übergehen. In diesem entspannten und geöffneten Zustand des automatischen Schreibens wirst Du dann erleben, wie Dir von den Engeln Gedanken eingegeben werden, über die Du gar nicht nachgedacht hast und die Dir eine Quelle der Weisheit und Inspiration sind. Du kannst Dir auch vor Beginn des Schreibens eine Frage überlegen, die Dich derzeit beschäftigt und diese als Überschrift notieren. Dann beginne ganz frei mit Deinen Seelenseiten. Oft nutzen die Engel die Gelegenheit, Dir über diesen entspannten und geöffneten Bewusstseinszustand Antworten zufließen zu lassen.

Im Folgenden stelle ich Dir verschiedene Möglichkeiten vor, wie Du mit den Seelenseiten spielen und Deinen Fokus beim Schreiben variieren kannst:

Dankbarkeits-Seelenseiten

Bei den Dankarbeits-Seelenseiten geht es vor allem darum, Deinen Fokus auf alle positiven Erfahrungen und Gefühle in Deinem Leben zu richten. Wie Dir schon Erzengel Uriel gezeigt hat, ist das Gefühl der Dankbarkeit die stärkste Schwingung, die Dein Herz noch empfänglicher für die Wunder und Segnungen in Deinem Leben macht. Du kannst die Dankbarkeits-Seelenseiten über mehrere Tage führen und all die Dinge notieren, die Dein Herz mit Dankbarkeit erfüllen. Du wirst erstaunt sein, wie viel Dir einfällt und wie sehr Dich diese Übung augenblicklich in eine höhere und freudige Schwingung versetzt. Es bietet sich auch an, Deine Dankbarkeits-Seelenseiten als ein festes Ritual auf den Sonntag zu legen. So kannst Du Rückschau auf die Woche halten und all die positiven Erlebnisse herausfiltern. Sie sind die fruchtbare Essenz, die bereits in Deinem Leben gereift ist. Die Freude darüber gibt Dir Schwung und Elan für die neue Woche, in der Du auf all dem Guten aufbauen kannst.

Visions-Seelenseiten

Über Visions-Seelenseiten hast Du die Möglichkeit, Deiner Phantasie freien Lauf zu lassen und einmal all das aufzuschreiben, was für Dich ein erfülltes Leben und glückliches Leben ausmacht. Wenn wir uns diese Gedanken in unserem Alltag überhaupt erlauben, so geht meistens automatisch das schmerzliche Gefühl des Mangels damit einher. Wir bleiben in den Gefühlen stecken, dass wir all das nicht haben und es uns unerreichbar erscheint. Mangelgefühle sind wie eine Negativladung der Aura. Sie setzen eine Bewegung in Gang, die sich von Dir fortbewegt und damit die Anziehung von Dir fern hält. Positive Gefühle der Freude, der Liebe oder der Dankbarkeit laden Deine Aura mit positiven Schwingungen auf, die eine Anziehung zu Dir hin in Gang setzen. So sehe die Visions-Seelenseiten wie einen energetischen, violetten Schutzraum, den Du geistig betrittst. Hier darfst Du Deiner Vorstellungskraft freien Lauf lassen und all die Wünsche und Träume aufschreiben, die Dir in den Sinn kommen. Schreibe diese Seiten wie ein mögliches Drehbuch Deines Lebens und formuliere sie in der Ich- und Gegenwartsform. Bewerte nichts, auch wenn es Dir noch so unerreichbar erscheint. Der Reiz dieser Übung liegt darin, Dich auf einer geistigen Ebene in diese möglichen Wunschrealitäten einzufühlen und Deine inneren Begrenzungen zu überwinden. Du wirst feststellen, dass einige Bilder immer wieder auftauchen und Dir somit die Kernwünsche Deiner Seele deutlich machen. Bist Du Deiner Vision erst einmal näher gekommen, kannst Du daraus konkretere Ziele für Dein Leben ableiten. Deine Vision ist ein kraftvolles Seelenbild, aus dem Du Energie, Motivation und Stärke für Dein Leben und Deine nächsten Schritte gewinnst. Sie wird sich mit Dir entwickeln und sich erweitern. Doch immer leuchtet sie wie ein Leitstern über Deinem Leben und strahlt die Energie Deiner Ideale und all dessen, was Dir am Herzen liegt, in Dein Leben.

Wunsch-Seelenseiten

Bei den Wunsch-Seelenseiten geht es um die genaue Ausformulierung Deiner Wünsche. Du bedienst Dich der Macht des geschriebenen Wortes, die eine eigene Manifestationskraft ist. Sei in der Formulierung des Wunsches so präzise wie möglich. Formuliere ihn in der Ich- und Gegenwartsform und bedanke Dich, als wäre er bereits erfüllt. Damit bekräftigst Du Deinen Glauben an die Wunscherfüllung. Der Glaube ist eine sehr starke Kraft und so heißt es schon in der Bibel: „Bittet, so wird Euch gegeben." und „Euch wird geschehen nach Eurem Glauben." Wenn Dich also Zweifel und Sorgen beschleichen, dann rufe Dir Deinen Wunsch ins Bewusstsein und glaube fest daran, dass Du empfangen wirst. Erzengel Michael wird Dich in der Kraft Deines Glaubens stärken, wenn Du ihn darum bittest. Glauben beinhaltet das Vertrauen, dass alles zu unserem Besten geschieht. Das heißt nicht, dass die Dinge nach unserem Willen laufen. Bedenke, dass wir als Menschen nur eine begrenzte Sicht auf die Dinge haben und dass es aus der Perspektive der Engel Lösungsmöglichkeiten und -wege gibt, die wir nicht einmal erahnen. Wenn sich ein Wunsch einmal nicht erfüllen sollte, so kann sich dies im Nachhinein als ein Segen erweisen, da etwas viel Besseres auf Dich gewartet hat. Im Wünschen liegt die vertrauensvolle Kraft, uns der Führung der Engel anzuvertrauen.

Die Spektralaura – Dein feinstoffliches Erzengelgewand

So wie sich die kosmischen Farbstrahlen im inneren Regenbogenkreis Deines ICH BIN bündeln und konzentrieren, spiegeln sie sich auch in großer Ausdehnung in Deinem Aurafeld wider. In einer Meditation sah ich das Bild eines hoch schwingenden Aurafeldes, der Spektralaura, die den Menschen zusätzlich zu seinen vier Energiekörpern (physischer Körper, Astralkörper, Emotionalkörper und Mentalkörper) umgibt. Sie verbindet die himmlischen Energien Deines Seelensterns mit dem irdischen Potential Deines Erdensterns und umhüllt Dich mit dem Spektrum der Regenbogenfarben. So sind in ihr alle göttlichen Tugenden sowie Deine Seelenessenz und persönlichen Gaben angelegt. Über die Spektralaura bist Du mit der Erzengelebene verbunden, sie aktiviert sich durch die Anwendung der kosmischen Ur-Energiestrahlen in Deinem ganzheitlichen Sein und Leben. Durch die Engel erhielt ich die folgenden Erkenntnisse, die den komplexen Aufbau und die Wirkung dieses Energiefeldes verdeutlichen.

Der Aufbau der Spektralaura

Die Spektralaura ist eine sehr transparente, feinstoffliche Hülle, die Dich wie eine ovale Lichtkugel von großer Ausdehnung umgibt. Sie schwingt auf der hohen Frequenz der Erzengelebene und wirkt wie eine Lichtmembran, durch die die Lichtessenzen der Erzengel in Dein ganzheitliches, irdisch-feinstoffliches Sein einfließen. Je mehr Du die kosmischen Farbstrahlen in Dir und in Deinem Leben zur Anwendung bringst, desto stärker aktiviert sich das Schwingungsfeld Deiner Spektralaura. Dadurch verstärkt sich das feinstoffliche Frequenzfeld um Dich herum, Deine Schwingung erhöht sich und Du vermagst mehr Lichtpotential in Dir aufzunehmen und zu halten. Diese Schwingungserhöhung beschleunigt Deine gesamte Entwicklung: zum einen die Durchlichtung und Anpassung Deines physischen Körpers (auch Lichtkörperprozess genannt) und zum anderen die positive Ausrichtung Deiner Gedanken und Gefühle, durch die Du Deine Lebensrealität erschaffst. Des Weiteren verstärkt die Spektralaura die Fähigkeiten Deiner medialen Wahrnehmung, indem sie Deine physischen Sinne verfeinert und gemäß Deiner Bewusstseinsentwicklung transzendiert. Über das Hellfühlen, Hellsehen, Hellhören, Hellriechen oder Hellschmecken ist dann eine erweiterte Wahrnehmungsfähigkeit der Realität gegeben.

Wie Du der schematischen Abbildung der Spektralaura auf Seite 80 entnehmen kannst, enthält der Regenbogenkreis sechs Farbstrahlen (drei Primärfarben und drei Sekundärfarben des Lichtes). Primärfarben sind die drei Grundfarben Blau, Rot und Gelb, aus denen sich alle anderen Töne mischen lassen. Sekundärfarben sind Mischfarben aus je zwei Grundfarben. Der Regenbogenkreis umgibt Dich wie ein Saturnring auf Höhe Deiner Körpermitte. Von hier strahlen die Farbstrahlen nach oben und unten aus und bündeln sich oberhalb Deines Kopfes im Chakra Deines Seelensterns und unterhalb Deiner Füße im Chakra Deines Erdensterns.

Der Seelenstern ist ein fünfzackiger, magentafarbener Stern, in dem sich das Licht des Makrokosmos bündelt. Er steht mit Erzengel Metatron in Verbindung, der als Hüter des göttlichen Planes an der Schwelle der formlosen Welt zur Materie steht. Der Makrokosmos, das Universum oder All-Eine, ist die Schwingungsebene des geistigen Urstoffs, aus der alles Seiende hervorgeht und der Geist seine Ideen schöpft. Im Seelenstern bündeln sich das geistige Potential und die persönlichen Anlagen des Menschen. Er enthält auch das Wissen um den Lebensplan, den der Mensch in diesem Erdenleben zur Erfüllung bringen will. Der fünfzackige Stern, das Pentagramm, ist wiederum ein Symbol für den Mikrokosmos und den Menschen selbst (es stellt einen Menschen mit ausgestreckten Armen und Beinen dar, wie es in Leonardo da Vincis Proportionsskizze veranschaulicht ist). So wie unser Seelenstern am Firmament des Makrokosmos leuchtet, sind auch wir mit unserem persönlichen Lebensplan in den göttlichen Plan eingebettet. Jeder unserer Entwicklungsschritte dient der Weiterentwicklung des großen Ganzen. In der Farbe Magenta verbindet sich das Violett des Kronenchakras mit dem Rot des Wurzelchakras, wodurch sich der Aurakreis der sieben körperlichen Hauptenergiezentren des Menschen schließt. Der Seelenstern nimmt die Lichtessenzen aus dem Makrokosmos auf und speist sie in das feinstoffliche System der sieben körperlichen Chakras und des Körperkreislaufs ein. Ohne diese Energien und Lichtessenzen wäre der Mensch nicht lebensfähig. Die Energien fließen dann über die Fußenergiezentren an den Fußsohlen weiter in Mutter Erde und bündeln sich im Chakra des Erdensterns.

Der Erdenstern ist ein sechszackiger, kristallklarer Stern unterhalb der Fußsohlen eingebettet in Mutter Erde. Er steht mit Erzengel Gabriel in Verbindung, durch den sich das geistige Potential des Menschen herauskristallisiert und in eine Struktur und Form gebracht wird. Der sechszackige Stern – ein Hexagramm aus zwei ineinander geschobenen, gleichschenkligen Dreiecken – symbolisiert den Makrokosmos/das Universum. In den zwei ineinander geschobenen Dreiecken durchdringen sich symbolisch die unsichtbare und die sichtbare Welt, Himmel und Erde. Der Erdenstern nimmt das geistige Potential des Menschen in sich auf und kristallisiert es in den individuellen Anlagen in Form seiner Gaben und Talente, die der Mensch in diesem Leben auf Erden zum Ausdruck bringen will. Der Erdenstern erdet den Menschen und unterstützt ihn darin, seine geistigen Gaben in einen konkreten irdischen Ausdruck zu bringen. Im kristallinen Erdenstern bricht sich das weiße Licht der Einheit in die Spektralfarben auf und bündelt sich an den Spitzen des Sternes jeweils in einen der sechs Farbstrahlen Blau, Grün, Gelb, Orange, Rot und Violett. Von hier aus fließen die Farbenergien bis zu ihrer größten Ausdehnung im Lichtring auf Höhe der Körpermitte nach

SPEKTRALAURA – DEIN FEINSTOFFLICHES ERZENGELGEWAND

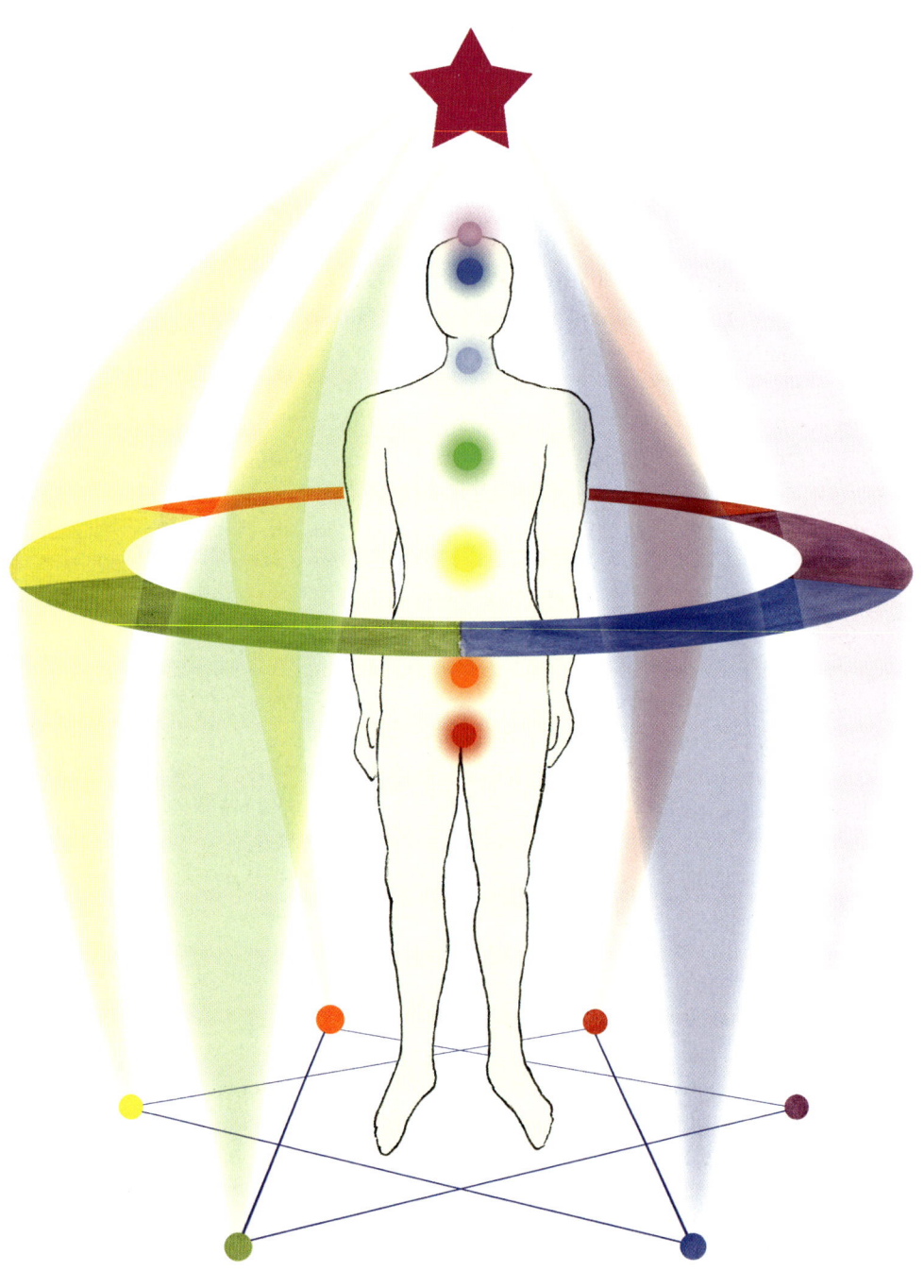

oben, um sich im Seelenstern wieder zu vereinen. Magenta und Kristallklar bilden eine Achse und stellen zwei Pole der Einheit dar: Magenta ist der negativ geladene, magnetische und weibliche Minuspol der Aura und Kristallklar der positiv geladene, elektrische und männliche Pluspol der Aura. Negativ und Positiv sind in diesem Zusammenhang als Ladung zu verstehen, durch die der Energiefluss im Körper und der Aura entsteht.

Betrachten wir den Erdenstern genauer: dem himmlischen Dreieck (symbolisch mit der Spitze nach unten) sind die Primärfarben Blau, Rot und Gelb zugeordnet. Ihnen entsprechen die Erzengel Michael, Chamuel und Jophiel mit den göttlichen Tugenden Glaube, Liebe und Weisheit. Wir können sie als die Urtugenden des spirituellen Herzens ansehen. Auf Heiligenbildern sind diese Primärfarben oftmals als dreifältige Herzensflamme im Herzen von Jesus oder Mutter Maria zu sehen. Die dreifältige Herzensflamme steht für das geläuterte, spirituelle Herz und seiner Kraft der bedingungslosen Liebe. Dem irdischen Dreieck (symbolisch mit der Spitze nach oben) sind die Sekundärfarben, d. h. die Mischfarben Violett (aus Blau und Rot), Orange (aus Rot und Gelb) sowie Grün (aus Blau und Gelb) zugeordnet. Mit diesen Farben stehen die Erzengel Zadkiel, Uriel und Raphael in Verbindung, welche die Aspekte der ursprünglichen Lebenskraft in Form von Wandlung (Zadkiel), Wachstum (Raphael) und Vitalität (Uriel) zum Ausdruck bringen. Aus der Verschmelzung von männlich und weiblich entsteht neues Leben. So wird in den Sekundärfarben durch die energetische Verbindung zweier Grundfarben neue Lebensenergie freigesetzt und zum Ausdruck gebracht. Die Primärfarben sind der in sich ruhende, weibliche Pol, während die Sekundärfarben den nach Ausdruck strebenden männlichen Pol darstellen. Diese Kräfte kommen im Hexagramm des Erdensterns wunderbar zum Ausgleich. Auch hier sehen wir wieder, dass die Einheit beide Pole, den männlichen und den weiblichen, zu gleichen Teilen in sich trägt.

Im Ganzen betrachtet kann erst durch die Verbindung des geistigen Potentials unseres Seelensterns mit der irdischen Lebenskraft unseres Erdensterns Wachstum und Entwicklung geschehen. In den Regenbogenfarben, die sich zwischen diesen Polen auffächern, kommt die Vielfalt des Lebens zum Ausdruck.

Die Aktivierung der Spektralaura

Durch den Aufenthalt in der Natur oder in Meditationen findet automatisch eine Ausrichtung und Aktivierung Deiner Spektralaura statt. Die Kinder der Neuen Zeit, die so genannten Kristallkinder, sind bereits von Geburt an mit einer aktivierten Spektralaura ausgestattet. Sie sind hochsensibel für die Schwingungen ihres Umfeldes und unterstützen durch ihre hohe Transparenz und Seelenschwingung die Harmonie in ihrer Umgebung. Ihr Aurasystem reagiert besonders sensibel auf Reizüberflutungen und disharmonische Atmosphäre. Spaziergänge in der Natur sind für die Kristallkinder sehr unterstützend, da sich in der Natur und an der frischen Luft ihr Aurafeld reinigt und klärt.

In der Natur empfangen wir direkt Licht- und Farbessenzen, die sich in unserem Aurafeld anreichern. Dadurch verfeinern sich unsere Wahrnehmungsorgane bis hin zur außersinnlichen, medialen Wahrnehmung. So magst Du diese Sensibilisierung daran beobachten, dass Dir die Farben in der Natur viel intensiver und strahlender erscheinen bis hin zu dem Erleben, dass sie förmlich ganz mit Dir verschmelzen. Derzeit kann unser physisches Auge nur ein begrenztes Frequenzspektrum des Lichtes von Violett bis Rot wahrnehmen. Die Frequenzen des ultravioletten und infraroten Lichtes reichen schon in den nicht sichtbaren Bereich hinein. Mit zunehmender Hellsichtigkeit erweitert sich dieses Spektrum und wir werden in der Lage sein, derzeit noch unsichtbare Farben wahrzunehmen und feinste Nuancen zu unterscheiden, die sich momentan noch nicht einmal in Begriffe fassen lassen. Manche Menschen erleben dieses hochfeine Farbfrequenzspiel über ihr weit geöffnetes Drittes Auge bereits in Meditationen.

Mit den folgenden Wahrnehmungsübungen kannst Du das Aurafeld Deiner Spektralaura stärken und aktivieren:

Wahrnehmungsübung „Der weiche Blick"

Diese Wahrnehmungsübung aus dem Tantra sensibilisiert Deinen Gefühlskörper (den Astral- und Emotionalkörper) und steigert Deine außersinnliche Wahrnehmungsfähigkeit.

Gehe in die Natur und suche Dir ein stilles Plätzchen, an dem Du gut entspannen kannst. Schließe zunächst die Augen und spüre tief in Dich und in Deinen Körper hinein. Fühle die Grenzen Deines Körpers und dann dehne Dich sanft mit jedem Atemzug weiter und weiter aus. Lasse den Atemstrom Deinen Körper massieren. Sollten sich Verspannungen oder Blockaden zeigen, so sende Deinen Atem besonders in diese körperlichen Bereiche hinein und atme sie sanft frei. Wenn Du das Gefühl hast, entspannt, ausgedehnt und eins mit Dir zu sein, dann öffne ganz langsam die Augen, zunächst nur einen Spalt breit und lasse das Licht Deiner Umgebung sanft in Dich einströmen. Wenn Du die Augen weiter geöffnet hast, dann bleibe in diesem „weichen" leicht unscharfen Blick. Fühle Dich eins mit Deiner Umgebung und lasse alle Formen und Farben einfach in Dich hineinfließen. Mit der Zeit wirst Du Phänomene wahrnehmen, die über die physische Erscheinungsform hinausgehen und Deinen Blick für die Energiekörper alles Lebendigen sensibilisieren.

Wahrnehmungsübung „Der Stern"

Durch diese Übung aktivierst Du bewusst die einzelnen Farbstrahlen in Deinem Aurafeld. Dies bewirkt eine emotionale Balance, geistige Fokussierung und eine verstärkte Ausstrahlung Deiner Spektralaura.

Du benötigst einen großen Bogen Papier oder Fotokarton, am besten DIN-A2-Format, sowie Buntstifte. Male Dir ein Hexagramm, den sechszackigen Stern aus zwei ineinander geschobenen, gleichschenkligen Dreiecken auf das Papier. An die Sternspitzen setzt Du wie folgt farbige Punkte bzw. Kreisflächen: Die Spitzen des ersten Dreiecks markierst Du jeweils mit den Farben Blau, Rot und Gelb. Die Spitzen des zweiten Dreiecks jeweils mit den Farben Violett, Orange und Grün. In der Reihenfolge ergibt sich begonnen mit Blau ein Kreisverlauf aus Grün, Gelb, Orange, Rot und Violett. Die Mitte des Sterns ist weiß. Selbstverständlich kannst Du diese Übung auch rein geistig mit Hilfe Deiner Vorstellungskraft machen. Die Zeichnung mag Dir jedoch die Visualisierung erleichtern. Außerdem kann der Stern zu einem Kraftpunkt in Deiner Wohnung werden, an dem sich durch diese Übung das Energiefeld verankert. Wenn Du Dich energielos oder niedergeschlagen fühlst, kannst Du Dich für ein paar Minuten auf den Stern stellen, Dich im Herzen zentrieren und Kraft tanken.

Zum Ablauf der Übung:

Stelle Dich in die Mitte des Sternes und atme einige Male über Dein Herzenergiezentrum ein und aus. Stelle Dir vor, in einer Kugel aus schützendem, magentafarbenen Licht eingehüllt zu sein. Atme einige Male die Gedankenenergie „ICH BIN Schwingungsharmonie" über Dein Herzzentrum ein und aus. Dann konzentriere Dich auf Deine Fußenergiezentren an Deinen Fußsohlen und spüre, wie Du über Lichtwurzeln, die in den Boden wachsen, gut geerdet bist. Kristallklares Licht fließt über die Lichtwurzeln in Dich ein. Unterstütze diesen Vorgang durch die Gedankenenergie „ICH BIN Klarheit und Reinheit".

Nun wende Dich der blauen Sternspitze zu und visualisiere die blaue Lichtsäule, die aus ihr aufsteigt und Dich einhüllt. Denke dazu die Wortschwingung „ICH BIN Frieden". Spüre, wie sich alles in Dir beruhigt und friedlich wird. Dann drehe Dich weiter zur grünen Sternspitze und visualisiere auch diesen Farbstrahl in Form einer grünen Lichtsäule, die Dich umfängt. Denke die Gedankenenergie „ICH BIN Harmonie" und fühle, wie Dich heilsame Schwingungen ausgleichen. Wende Dich nun der gelben Sternspitze zu, visualisiere den gelben Lichtstrahl wie er Dich umfängt und lade ihn mit der Gedankenenergie „ICH BIN Freude" auf. Spüre die wunderbare Leichtigkeit, die sich in Dir auszubreiten beginnt. Nun drehst Du Dich zur orangefarbenen Sternspitze und mit der Gedankenenergie „ICH BIN Lebendigkeit" spürst oder siehst Du, wie Dich das orangefarbene Licht belebend umspielt. Abschließend wendest Du Dich der violetten Sternspitze zu und denkst die Gedankenenergie „ICH BIN Freiheit". Das violette Licht umhüllt und durchflutet Dich und befreit Dich von allen energetischen Belastungen. Genieße die Ausdehnung in der wahren Strahlkraft und Weite Deines Seins. Bleibe nun für einige Momente in diesem aktivierten Spektral-Energiefeld stehen und genieße die Aufladung all Deiner Energiekörper. Du erfährst eine wohltuende Stärkung und Belebung. Kehre dann mit einigen Atemzügen zurück in Dein Körper- und Tagesbewusstsein und sei wieder ganz präsent im Hier und Jetzt.

Die Kunst der geistigen Ausrichtung

Durch das Lesen der Schwingungstexte dieses Buches konnten sich Seelenkammern in Dir öffnen, die mit dem Licht Deines Bewusstseins und Deiner Erkenntniskraft erleuchtet wurden. Angeregt durch die Methoden und Übungen, die die Engel Dir hier vorgestellt haben, kannst Du nun in Deiner Dir ureigenen Art und Weise fortfahren, die Lichtkräfte in Deinem Leben anzuwenden. Allein Deine liebevollen Gedanken an die Erzengel bringen Dich in Verbindung mit ihnen und versetzen Dich augenblicklich in eine höhere Schwingung. Diese Schwingungserhöhung ist wie ein Ebenenwechsel, durch den Du überhaupt erst neue Resultate in Deinem Leben hervorrufen kannst. Bildlich gesprochen kannst Du Dir diesen Vorgang wie die Stockwerke eines Hauses vorstellen. Wenn Du immer auf einer Ebene verbleibst, kannst du zwar verschiedene Türen öffnen, Du wirst Dich jedoch immer in den gleichen Räumen bewegen und mit den gleichen Ergebnissen konfrontiert sein. Erst der Aufstieg in das nächst höhere Stockwerk, der Deines Entschlusses bedarf, Neues entdecken und erfahren zu wollen, ist zwar mit einer gewissen Anstrengung verbunden, doch er wird Dich mit einer Vielzahl an neuen Möglichkeiten und einer größeren Weitsicht belohnen. Zunächst ist Dein Vertrauen gefragt, da Du nicht genau weißt was Dich erwartet, aber rückblickend wirst Du aus eigenen Erfahrungen sagen können, dass sich die Mühe immer gelohnt hat.

Wenn wir in einer irdisch-materiellen Sicht der Dinge verhaftet bleiben, erleben wir unsere Handlungen als Arbeit und haben das Gefühl, nur mühsam voranzukommen. Das geistige Verständnis bringt Dich in Verbindung mit Deiner spirituellen Kraft und Stärke, die eben geistiger Natur ist. Sie sollte jedem Handeln vorausgehen, denn dadurch ebnest Du Dir den Weg, wodurch ein gezielter Einsatz Deiner Kräfte und konkretes Handeln möglich sind. Die Taten, die aus Deiner geistigen Einsicht erwachsen, werden von Leichtigkeit begleitet sein und reiche Früchte tragen. Du arbeitest mit den Gesetzen der Natur, die auch geistige Gesetze sind. Dies erleichtert jegliches Handeln. Und so seien Dir noch einmal die täglichen, fruchtbaren Momente der Stille ans Herz gelegt, in denen Du Deine geistigen und emotionalen Kräfte auf die Schwingungsharmonie mit dem kosmischen Urstrom der Liebe ausrichtest. Dieses Einschwingen auf die Harmonie mit allem, was ist, ist ein sehr feiner Vorgang, ähnlich dem Einstellen eines Senders am Radiogerät. In feinster Weise justierst Du das Rädchen, bis die Frequenz des Radioempfängers mit den Senderwellen übereinstimmt und Dir einen klaren Empfang liefert. Und wenn Du dann die entsprechenden Impulse für Dein Tun erhalten hast, geht auch die Umsetzung sehr behutsam vor sich. Es geht darum, die vorhandene Lebenskraft für Dich zu nutzen und in die richtigen Bahnen zu lenken. Es ist wie beim Segeln: Du prüfst, aus welcher Richtung der Wind kommt, um ihn für Dich und Dein Vorankommen zu nutzen. Du musst den Wind nicht selbst erzeugen, die Lebenskraft ist als Urkraft immer in Dir. Und so setzt Du weise die Segel und steuerst nur leicht mit der Pinne, um die Richtung vorzugeben. Die Kraft kommt aus der Lebenskraft selbst, die einfach durch Dich hindurchfließt. Dies ist „inspiriertes Handeln" aus Deiner spirituellen Kraft heraus, wie es die Engel und Erzengel Dich liebevoll lehren.

Indem Du Deine geistigen Kräfte in Form Deiner Gedanken und Gefühle bewusst nutzt, arbeitest Du mit den Kräften der Natur und den geistigen Gesetzen.

Wenn wir diese Quelle der Kraft in uns entdeckt und erfahren haben, dann können wir von den Engeln das Dienen lernen. So wie die Engel bedingungslos in Liebe für uns da sind, sollten auch wir unsere Gaben und Talente in den Dienst für andere Menschen stellen. Alle Menschen befinden sich auf einer gemeinsamen Reise zurück nach Hause, in das Bewusstseinsmeer der Einheit. Mit Deinen Entwicklungs- und Erkenntnisschritten kannst Du all die Menschen unterstützen, die nach Dir auf dem Weg sind und ihnen Hilfe und Orientierung geben. Je mehr wir geben, desto mehr können wir erhalten – das ist ein geistiges Gesetz und der Schlüssel zur Fülle in Deinem Leben. Und so lass Deine innere Quelle sprudeln. Sie kann sich nicht erschöpfen, denn sie ist gespeist aus den Liebestropfen aus dem Herzen des All-Einen, die Dir unaufhörlich zufließen. So ruht der göttliche Segen auf Dir und Deinem liebenden, erkennenden Herzen. Du bist ein Engel auf Erden und aus Deinem göttlichen Funken erstrahlt das Licht und die Liebe der Schöpfung. Göttliches Liebeslicht strahlt in Dein ganzheitliches Sein. Es erhebt Dein Herz in Leichtigkeit und macht Deine Wege freudvoll und eben. Empfange den Dank der Erzengel als Lichtgruß in Deinem Herzen.

Gott zum Gruße.

Übersicht der Erzengel, ihrer Farbstrahlen und Eigenschaften

Erzengel	Farbe	Chakra	Edelstein	Eigenschaften
1. Strahl Michael	Saphirblau	Drittes Auge, Kehlkopfchakra	Saphir	Schutz, Glaube, Frieden, Geborgenheit
2. Strahl Jophiel	Goldgelb	Solarplexus	Citrin	Freude, Weisheit, Fülle, Wissen
3. Strahl Chamuel	Rosarot	Herzchakra	rosa Turmalin	Liebe, Mitgefühl, Sinn für Ästhetik
4. Strahl Gabriel	Kristallweiß	1. – 7. Chakra, Erdenstern	Bergkristall	Klarheit, Reinheit, Neuordnung, Erneuerung
5. Strahl Raphael	Moosgrün	Herzchakra	Smaragd	Heilung, Harmonisierung, Wahrheit, Raum, Wachstum
6. Strahl Uriel	Rubinrotgold	Wurzelchakra, Sakralchakra	Rubin	Dankbarkeit, Gnade, Christusliebe, Kreativität, Lebendigkeit
7. Strahl Zadkiel	Violett	Kronenchakra	Amethyst	Wandlung, Vergebung, Läuterung, Befreiung, Weite
8. Strahl Metatron	Magenta	1. – 7. Chakra, Seelenstern	Sugilith	Verbindung, Bestimmung, Träume, Regeneration, Heilung

DIE AUTORIN

Silke Bader, Jahrgang 1973, wirkt als freischaffende Künstlerin und Autorin. Sie lebt mit ihrem Seelenpartner Siegfried Bader am Ammersee. Von 2004 bis 2007 war das Paar Herausgeber des spirituellen „IchBin-Magazins", das sich den göttlichen Funken in jedem Leben zum Thema gesetzt hat. Während dieser Zeit entstanden Silkes Engel-Kartensets, ein Engelbuch, das gemeinsame „Wunscherfüllungs-Set" sowie eine Meditations-CD, die im Windpferd Verlag erschienen sind.

Seit Anfang 2008 widmet sich das Paar in wunderschönen Atelierräumen in Dießen am Ammersee der Seminararbeit in Form von Engelseminaren, musikalischen Veranstaltungen sowie künstlerischen Projekten. Silke Bader bietet hier Engel-Einzelreadings an, in denen sie eine persönliche schriftliche Engelbotschaft übermittelt. Mit großer Liebe widmet sie sich dem Malen persönlicher Seelen-Engel, die sie in meditativer Einstimmung auf die Person empfängt. Das Original-Aquarell wird durch eine schriftliche Botschaft des Engels ergänzt.

Silke und Siegfried Bader sind mit ihren Seminaren und Einzelberatungen im deutschsprachigen Raum auf Reisen. Termine, Veranstaltungsorte und viele weitere Informationen zu ihrem Angebot finden Sie unter www.ichbin-magazin.de

Werkzeuge des Lichtes und der Schöpferkraft von Silke Bader

Engelkartenset
„Schutzengel-Impulse"
Jeden Tag spielend lebendig sein

Durch dieses Kartenset wird der Beistand unseres Schutzengels in allen Lebenslagen erfahrbar. Die verspielten und lebenslustigen Engelmotive erfreuen das Herz und sprechen das Innere Kind im Menschen an. Auf der Kartenrückseite stehen Schutzengelbotschaften, die von der Nähe und liebevollen Begleitung unseres himmlischen Freundes künden. Ein Set, um den Kontakt zum Schutzengel zu vertiefen und frische Inspiration zu empfangen.

ISBN 978-389385-535-3

Engelkartenset
„Engelschlüssel"
Das Tor zum Herzen öffnen

Engelschlüssel öffnen Herzenstüren. Lebensnah halten die Engel eine Inspiration für uns bereit, um unser Herz im Hier und Jetzt weit zu öffnen. Auf den 56 Engelkarten im Mini-Format verschmelzen Bild und Kurzbotschaft zu einer prägnanten Aussage. So schenken uns die Engel einen liebevollen Hinweis für unsere innere Haltung und Ausrichtung. Die Karten lassen sich als Handlungsimpuls gut mit den Engelkarten „Aus unserer Quelle für Dich" oder „Schutzengel-Impulse" kombinieren.

EAN 4280000043016

Engelbuch
„Engel antworten Dir"
aus der Quelle der Liebe
Ein Übungsbuch für den täglichen Kontakt mit Engeln

Dieses Buch ist eine Einladung, sich die liebende und unterstützende Begleitung der Engelwelt im eigenen Leben zu erschließen. Es greift die 44 Engelbilder aus dem Kartenset „Aus unserer Quelle für Dich" auf und stellt die Engel ausführlich mit einer Botschaft, ihrer Lehre und einer Übung zur Verbindung vor. Die einleitenden Kapitel geben eine Einführung über die Aura, die Chakren und die feinstofflichen Körper des Menschen, durch die wir mit den Engeln verbunden sind. Auch die Erzengel und Farbstrahlen werden in ihrem Wesen und Wirken vorgestellt, so dass das Praxisbuch viele Anregungen zur Meditation mit Engeln bietet. Dadurch kann die ureigene Verbindung zu den Engeln erspürt und vertieft werden.

ISBN 978-389385-498-1

Spielset
„Wunscherfüllung mit Engeln"
Schöpfe aus der Quelle Deines ICH BIN

Mit diesem bezaubernden Wunscherfüllungs-Set laden wir die Engel ein, Wunder in unserem Leben zu vollbringen. Auf kreative und spielerische Art begleiten uns die Engel Schritt für Schritt auf dem Weg zur Wunscherfüllung. Der Wunscherfüllungsplan weist uns den Weg: In Meditationen erspüren und vertiefen wir unseren Herzenswunsch und das Engelorakel gibt uns himmlische Impulse zu seiner Erfüllung. Ein ausführliches Handbuch vertieft das Verständnis um unsere Schöpferkraft und das Zusammenspiel mit den himmlischen Helfern.

Das Spiel kann allein oder interaktiv in der Gruppe/Familie gespielt werden.

ISBN 978-389385-512-4

Engelkartenset
„Aus unserer Quelle für Dich"
Engelsbilder und Engelsworte

Das erste Engelkartenset aus meiner Feder. Die luftig-leichten Engelaquarelle eröffnen uns den Reichtum unserer Gefühlswelt. Sie stehen mit einer Gefühlsqualität in Verbindung, die beim Betrachten der energievollen Bilder unmittelbar in uns wachgerufen wird. Meditative Texte auf der Kartenrückseite vertiefen den Zugang zu den Engeln und schenken uns neue Gefühls- und Gedankenimpulse.

Ein Set, um die lebensfrohe Präsenz der Engel in unser Leben einzuladen und erfahrbar zu machen. Die Karten sind ein täglicher Begleiter im Leben zahlreicher Menschen geworden und kommen auch in therapeutischer Arbeit vielfach zum Einsatz.

ISBN 978-389385-457-8

CD
„Meditationen mit Erzengeln"
zur Aktivierung Deiner Schöpferkraft

Diese CD hält acht Meditationen mit Erzengeln und ihren Farbstrahlen bereit, um unsere Schöpferkraft zu aktivieren. Die Kurzmeditationen lassen sich flexibel in den Tagesablauf einbinden. Sie laden dazu ein, unsere Gedanken und Gefühle durch die Erzengelenergien und Farbstrahlen positiv auszurichten und das Aurafeld zu klären. So können wir uns spontan mit genau den Erzengel- und Farbenergien versorgen, die wir in der jeweiligen Lebenssituation benötigen. Das schön und farbig gestaltete Booklet gibt einen Überblick über die Erzengel ihre Wirkungsweise und ordnet ihnen Edelsteine und Chakras zu.

ISBN 978-389385-550-6